AF222696

# Andreas Niggemann

# Esther

Vier einfache Stücke für jüdisches
Kinder- und Jugendtheater

Bibliografische Information der Deutschen Nationalbibliothek

Die Deutsche Nationalbibliothek verzeichnet diese Publikation in der Deutschen Nationalbibliografie; detaillierte bibliografische Daten sind im Internet über http://dnb.d-nb.de abrufbar.

© 2008 Andreas Niggemann

2. korrigierte Auflage

Herstellung und Verlag: Books on Demand GmbH, Norderstedt

Umschlaggestaltung : Maria Kireeva, Speyer
Unter Verwendung eines Fotos des Kinder- und Jugendtheaters der Jüdischen Gemeinde Speyer e.V.

ISBN 978-3-837-05609-9

Für
Sana

# Inhalt

# Zum Geleit

Synagogen und jüdische Gemeinden, jüdische Musik, Literatur und Theater in der Pfalz …

Wer diese Worte hört, denkt meist an die Vergangenheit. An eine Vergangenheit, in der diese Begriffe für Pfälzer denen Juden Nachbarn, Bekannte und Freunde waren, die ihren Alltag mit begleitet und mitgestaltet haben und einfach eine Selbstverständigkeit waren. Man denkt vielleicht an eine Vergangenheit, die durch den Holocaust zerstört wurde. Zerstört. Aber nicht ausgelöscht.

Heute gibt es wieder in Speyer eine jüdische Gemeinde. Eine Gemeinde, die Religion, Tradition und Kultur der alten israelitischen Gemeinde Speyer, in dieser historisch für die jüdische Gemeinschaft in aller Welt so bedeutenden Stadt, übernommen hat und sich bemüht sie weiter zu pflegen und zu entwickeln.

Alle diese Aktivitäten haben eine ganz besondere Bedeutung. Es geht nämlich wieder um Synagogen und jüdische Gemeinden, jüdische Musik, Literatur und Theater in der Pfalz. Aber dies ist seit mehr als 10 Jahre keine Vergangenheit mehr, es geschieht nicht „gestern" sondern heute. Heute, in einer von drei SCHUM*-Städten, in Speyer.

Der Nachwuchs der Gemeinde organisierte nach der Absprache mit dem Vorstand eine Theatertruppe. Eine Theatertruppe ist noch kein Theater. Um das Problem zu lösen, wandte sich der Vorstand der Gemeinde an Andreas Niggemann, den Mäzen und Unterstützer der Gemeinde. Auch diese Aufgabe konnte er lösen und so entstanden mehrere Schriftstücke, für die er viele Stunden an Recherchen verbracht und nach Absprache mit dem Rabbiner verfasst hat.

Damit diente er nicht nur der jüdischen Kultur. Damit baute er Brücken, die die europäische Kultur mit dem Judentum verbinden und die moderne jüdische Literatur als Segment in die Familie europäischer Kulturen aufnimmt.

Auf diesem Weg möchte sich die Jüdische Gemeinde Speyer herzlichst bei Andreas Niggemann für seine langjährige Unterstützung in vielen Bereichen des Gemeindelebens bedanken.


Speyer, 24. Tammuz 5768 / 27.07.20008

Juliana Y. Korovai

Geschäftsführerin der Jüdischen Gemeinde Speyer e.V.


\* SCHUM : Speyer, Worms und Mainz waren im Mittelalter Zentren jüdischer Gelehrsamkeit in Europa

# Vorwort

Wenn man sich mit dem zeitgenössischen jüdischen Theater beschäftigt, fällt sofort der Mangel an Stücken auf, die für Kinder und Jugendliche geeignet sind. Sogar für das Erwachsenentheater sind kaum Werke erhältlich, so als wären in der Shoah nicht nur die Menschen, sondern auch ihre Literatur vernichtet worden. Einzig „Tewje, der Milchmann" von Schalom Alejchem scheint überlebt zu haben. Die vor dem Holocaust viel gespielten Stücke von Abraham Goldfaden sind im deutschsprachigen Raum nicht mehr verfügbar.

Im Jahre 1999 wandte sich die Jüdische Gemeinde Speyer e.V. an mich, um für das Lichterfest Chanukkha ein kurzes Stück für eine Aufführung auf dem Weihnachtsmarkt in Speyer zu schreiben und zu inszenieren. Die Besonderheit bestand nun darin, dass Chanukkha in jenem Jahr genau auf den Nikolaustag fiel und auf der Bühne des Weihnachtsmarktes nicht nur der Oberbürgermeister, sondern auch ein Rabbiner zu diesem Anlass sprechen sollte. Aufgabe war es also ein Stück zu schreiben, das den vorwiegend nichtjüdischen Besuchern des Weihnachtsmarktes die Hintergründe des Lichterfestes in einer kompakten, wenige Minuten dauernden Aufführung, nahe bringt. Hierzu habe ich einen Trick angewandt, in dem ein Dialog zwischen einem nichtjüdischen Jungen und einem jüdischen Mädchen als Rahmenhandlung das historische Geschehen für Nichtjuden verständlicher macht. Die Kinder waren mit Feuereifer bei der Sache und baten mich nach der sehr erfolgreichen Aufführung um ein neues, längeres Stück.

Die Recherchen im Internet förderten eine einzigartige Geschichte um Liebe und Verrat, Mord und Totschlag zutage: Das Buch Esther. Inzwischen mehrfach verfilmt, ist diese Geschichte an das Fest Purim gebunden, bei dem sich Groß und Klein verkleiden dürfen. Also war eine etwas opulentere Ausstattung und ein spannenderes Skript nötig. Zudem mussten die religiösen Aspekte der Geschichte beachtet werden. Daher ließ ich das fertige Stück von einem Rabbiner-Assessor prüfen, der zwei kleinere Korrekturen empfahl. „Esther" wurde dreimal (u.a. in Schulen) aufgeführt und auch als „Bilderroman" im Schlosspark Schwetzingen fotografisch umgesetzt.

Die Kinder wurden älter, das Ensemble größer. Also sollte das nächste Stück anspruchsvoller, farbiger werden. Die Wahl fiel auf die allseits bekannte Liebesgeschichte vom König Salomon und der Königin von Saba. Religiöse Aspekte traten nun eher in den Hintergrund, wichtiger waren Fragen von Schuld und Macht, Politik und Liebe.

Im Jahre 2004 wurde im Historischen Museum eine weithin beachtete Ausstellung zum Thema „Europas Juden im Mittelalter" eröffnet. Anlass dieser Ausstellung war der 900. Jahrestag der Weihe der mittelalterlichen Synagoge von Speyer. Als Beitrag der Jüdischen Gemeinde war also ein neues Theaterstück für das Kinder- und Jugendtheater der Gemeinde gefragt.

Bei der Informationsbeschaffung stieß ich auf zwei mittelalterliche Synagogen in Speyer von der die zweite - nach dem die erste durch ein Feuer vernichtet wurde - von Arbeitern der Dombauhütte errichtet wurde. Hier ließ sich also ein einträgliches und friedliches Miteinander von Juden und Nichtjuden beispielhaft vorführen. Aus dieser Grundidee entstand das Stück „Der Weg der Steine". Bindeglied in der Umsetzung ist der Schreiber Simeon, der die verschiedenen Gruppen als Bauherr zusammenführt und auch in einigen Konflikten und Unglücken zusammenhält bis das Werk vollendet ist.

Dieses Stück erlebte zwei sehr gut besuchte Aufführungen im Hof des Museums und im Judenhof vor der Mikwe (jüdisches Ritualbad).

All dies wäre ohne die Menschen, die mich unterstützt haben nicht möglich gewesen. Besonders danken möchte ich Frau Juliana Korovai von der Jüdischen Gemeinde Speyer, Frau Heike Häußler vom Verkehrsverein Speyer, dem Historischen Museum der Pfalz, den Eltern der Kinder und meiner Assistentin Oksana Korovai. Meinen Schauspiellehrern Dawn Dister und Markus Maier bin ich ebenfalls zu Dank verpflichtet.

Besonderen Dank gebührt jedoch den Kindern und Jugendlichen, die den Mut aufbrachten meine Stücke vor 50 und mehr Zuschauern aufzuführen: Alexandra, Elena, Irina, Julia, Junna, Katja, Ljuba, Olga, Sveta und Alexander.

Speyer, den 30.8.2008                    A.Niggemann

# Chanukka - Licht der Freiheit

**Personen:**

Edith, ein jüdisches Mädchen

Peter, ein Junge

Shimon, der Hohepriester

Judas Makkabäus, der Führer der Makkabäer

Jonatan, sein Bruder

# Das Jahr 5760, also heute

**Peter:** Hi, Edith, was ist denn das für ein Ding?

**Edith:** Hallo Peter, das ist eine Chanukkia.

**Peter:** Chanuk... was?

**Edith:** Chanukkia. Der neunarmiger Leuchter für das Chanukka-Fest. Das ist das jüdische Lichterfest.

**Peter:** Und warum heißt das Lichterfest so?

**Edith:** Also, das war so, im Jahre 3595......

**Peter**: Moment, wir sind doch im Jahr 1999! Von wegen zurück in die Zukunft.

**Edit:** Nun, nach jüdischem Kalender schreiben wir heute das Jahr 5760.

**Peter:** Verstehe, also in welchem Jahr war das?

**Edith:** Springen wir mal ins Jahr 165 vor der Zeitrechnung.

# Das Jahr 3595 (165 v.d.Z.)

## Ort: Jerusalem, im Tempel

**Judas Makkabäus:** MAKABI! So, wir haben die letzten Griechen aus Jerusalem hinaus gejagt, es war ein harter Kampf, der Sieg ist unser, der Tempel befreit!

**Shimon:** Mit Gottes Hilfe und deinen Truppen haben wir den Tempel zurückgewonnen doch Antiochos hat auf unserem Altar seinen Göttern geopfert. Der Tempel ist entweiht.

**Judas Makkabäus:** So lasst uns den Tempel aufs neue weihen dem wahren Gott, dem Gott unserer Väter.

**Jonatan:** Aber wir haben kein Öl für den Leuchter.

**Shimon:** Selbst das Öl ist entweiht.

(Jonatan sucht im Hintergrund).

**Jonatan:**Hier: nur eine kleine Flasche habe ich gefunden, sie trägt noch das Siegel von Kohein gadol.

**Judas Makkabäus:** Das wird nicht für eine Woche reichen, höchstens für einen Tag.

**Shimon:** Wir müssen es versuchen. Ruft das Volk zusammen, wir weihen den Tempel und entzünden das Licht der Menorah.


(die drei gehen im Kreis).

**Shimon:** Es brennt schon den zweiten Tag.

**Judas Makkabäus:** Und heute ist schon der dritte!

**Jonatan:** Auch am vierten Tag brennt der Leuchter!

**Shimon:** Der Fünfte...

**Judas Makkabäus:** Der Sechste....

**Jonatan:** Der Siebte.....

**Shimon:** Und heute ist der achte Tag und immer noch brennt das Licht. Ein Wunder ist geschehen! Lauft alle herbei! Der Herr hat unsere Not erkannt und mit seiner Macht geholfen.

**Judas Makkabäus:** Würdig eines großen Feiertages in unserem Kalender. Von nun an soll in jedem Jahr am 25. Kislev dieses Wunders gedacht werden.

**Shimon:** So soll es sein. Preiset den Herrn!

**Alle:** Amen.

# Und wieder das Jahr 5760, also heute

## Ort: Auf der Straße, bei der Chanukkia

**Peter:** Was hat denn der Krieger da gebrüllt? „Makaber" oder so?

**Edith:** „Makabi", eine Abkürzung von: „Mi kamokha baElim ashem", was bedeutet: „Wer ist wie du unter den Göttern?". Das war der Schlachtruf der Makkabäer in diesem Freiheitskampf gegen die Griechen.

**Peter:** Und wie funktioniert das nun genau mit diesem neunarmigen Leuchter?

**Edith:** Eigentlich ist das nur ein achtarmiger Leuchter. Der „Arm" in der Mitte nimmt den Schamasch auf.

**Peter:** Den was..?

**Edith:** Schamasch heißt der Diener. Mit seiner Hilfe zündet man die anderen Kerzen an.

**Peter:** Werden alle acht Kerzen gleichzeitig angezündet?

**Edit:** Nein. An jedem Tag des Chanukka-Festes wird eine neue Kerze angezündet so dass am Ende acht Kerzen brennen.

**Peter:** Und wo sieht man diese Chanukkia heute?

**Edith:** Die Leute stellen den Leuchter ins Fenster oder vor die Tür und gedenken so dieses Wunders.

# Esther

## Ein Schauspiel zum jüdischen Feiertag Purim

**Personen:**

Esther, Königin von Persien

Achashverosh, König von Persien

Haman, Minister

Mordechai, Jude

Leila, eine Dienerin

Haremsmädchen1

Haremsmädchen2

Tänzerin

**Ort:**

Der Palast von Achashverosh in Shushan/Persien, Thronsaal.

Ganz links steht der riesige goldene Thron, leicht schräg zum Zuschauer, daneben ein Diwan.

Links, etwas im Hintergrund ein Fenster.

Ganz rechts das Tor zum Palast.

# Esther

Musik erklingt.

Achashverosh sitzt auf dem Thron und Haman steht rechts daneben. Sie tauschen verschiedene Papiere aus und unterhalten sich stumm während die Musik läuft.

Achashverosh wirft die Papiere auf den Diwan. Musik aus.

**Achashverosh:** Es sei! Der Harem ist voller schöner Mädchen aus allen Provinzen des Reiches. Die Schönste der Schönen werde ich mir heute als neue Königin erwählen.

**Haman:** Mein König, Ich bin immer noch dagegen. Wir hätten besser eine hübsche Tochter eines Königs der umliegenden Königreiche suchen sollen.

**Achashverosh:** Und uns wieder so einen Kuckuck wie Vashti ins Nest geholt. Weißt du, mein lieber Haman, diese königlichen Töchter können ganz schön störrisch werden.

**Haman:** Dieses Problem habt Ihr bei Vashti aber schnell in den Griff bekommen.

**Achashverosh: Du** hast es in den Griff bekommen. Schließlich haben Wir Unsere Königin auf dein Anraten hinrichten lassen. Aber lassen wir das.

**Haman:** Sogar jüdische Mädchen sollen jetzt im Harem sein. Hegai, der Obereunuch muss blind geworden sein. Diese Jüdinnen mit ihren großen Hakennasen, wie kann man so etwas einem Achashverosh anbieten!

**Achashverosh:** Schauen wir doch erstmal was man Uns anbieten wird. Fangt an.

Haman klatscht zweimal in die Hände. Es erklingt Musik. Haremsmädchen1 kommt in tänzerischen großen Sprüngen herein, wirft sich dem König zu Füßen und schaut ihn von unten an. Er winkt sie mit einer Geste der linken Hand weg. Haremsmädchen1 ab.

Haremsmädchen2 kommt in kreisenden Tanzbewegungen bis ca. 1 Meter vor den Thron und verneigt sich tief. Der König runzelt die Stirn und schickt auch sie mit einer Handbewegung weg. Haremsmädchen2 ab.

Esther kommt langsamen Schrittes ganz gerade aufgerichtet. Ihre Augen fixieren den König. Als er sie sieht, steht er vom Thron auf. Sie bleibt ca. 2 Meter vor ihm stehen und neigt kurz den Kopf. Der König verlässt den Thron und geht auf sie zu. Musik aus.

(Alle 3 Mädchen können (je nach Saal und Umständen) auch aus dem Hintergrund des Zuschauersaals kommen und dann auf die Bühne gehen).

Der König schaut Esther kurz ins Gesicht, geht dann prüfend um sie herum und bleibt schräg rechts vor ihr stehen. Sie schaut wie ein Soldat starr geradeaus am König vorbei.

**Achashverosh:** Wie heißt du?

**Esther:** Ich bin Esther.

**Achashverosh:** Aus welcher Provinz des Reiches kommst du?

**Esther:** Hier, aus Shushan komme ich. Meine Eltern sind schon lange tot, ich lebte bei meinem Onkel in der Stadt.

**Achashverosh:** Wie lange bist du schon im Harem des Königs?

**Esther:** Fast ein Jahr.

**Achashverosh** (lächelt und sieht kurz zu Haman) : Haman, welch eine Verschwendung! Ein Jahr und Wir haben sie noch nie gesehen. Nun, Esther, was würdest du sagen, wenn Wir dir befehlen würden Unsere Königin zu werden?

**Esther:** Da es Euer Befehl ist, muss ich gehorchen, mein Herr und Gebieter.

Achashverosh schnippt mit dem Finger in Richtung Haman. Der klatscht zweimal in die Hände. Leila bringt den Mantel (ärmellos) der Königin und legt ihn Esther um. Leila ab. Leila bringt auf einem Kissen die Krone. Achashverosh nimmt die Krone und setzt sie Esther auf. Leila ab. Es erklingt festliche Musik. Haman ab. Der König mit Esther ab. Musik aus.

# Mordechai

Mordechai geht am Palasttor nervös auf und ab.

**Mordechai:** In was haben wir uns da hineinziehen lassen. Meine Nichte Esther ist nun Königin im Palast von Achashverosh und ich, Mordechai, stehe hier heimlich Wache. Zwar habe ich Esther darauf verpflichtet geheimzuhalten, dass sie Jüdin ist und dennoch unsere Gesetze einzuhalten, aber wer weiß, was hier im Palast mit ihr geschieht?

Das reinste Schlangennest ist dieser Palast. Voll von Intriganten und Meuchelmördern. Gerade eben habe ich hier am Tor ein Gespräch zwischen Bigthan und Teresh, zwei Offizieren der Wache belauscht. Sie wollen Achashverosh vergiften und selbst den Thron besetzen. Ich muss Esther sofort informieren.

Leila kommt von links zum Tor.

**Mordechai:** Wie geht es Esther? Behandelt sie der König gut?

**Leila:** Er erweist ihr die größten Ehren, die eine Frau erhalten kann. Jeden Tag beschenkt er sie mit Schmuck, Kleidern und wohlriechenden Ölen. Alle anderen Frauen aus dem Harem hat er nach Hause geschickt nur um zu zeigen, dass Esther seine Einzige ist.

**Mordechai:** So weit hört sich das ganz gut an. Bitte schicke Esther zu mir. Ich habe ihr eine wichtige Mitteilung zu machen.

Leila ab.

Esther kommt.


**Esther:** Sei gegrüßt, Onkel Mordechai.

**Mordechai:** Ich grüße dich Esther. Bist du glücklich dort im Palast mit deinem König?

**Esther:** So weit man als Frau eines Königs glücklich sein kann. Schließlich hat er mich gegen meinen Willen dazu gezwungen. Er aber überhäuft mich mit Geschenken und wartet nun sehnlichst auf einen Thronfolger.

**Mordechai:** Wir haben alle unsere Pflichten. Die Pflichten vor Gott sind jedoch die wichtigsten. Ich hoffe, Du hast unsere Gesetze nicht vergessen und befolgst die Schabbat-Ruhe.

**Esther:** So, wie du es mich gelehrt hast, Onkel.

**Mordechai:** Dabei darf aber niemand erfahren, dass du Jüdin bist.

**Esther:** Niemand weiß etwas und niemand wird es je erfahren.

**Mordechai:** Höre, Bigthan und Teresh - zwei Offiziere der Wache - wollen Achashverosh vergiften und das Reich zwischen sich aufteilen. Nur du hast die Möglichkeit, das zu verhindern. Eile zum König und decke die ruchlosen Pläne der beiden auf.

**Esther:** Ich werde tun was du verlangst.


Esther ab.

# Haman

Mordechai und Leila stehen am Tor.

Haman kommt zum Tor. Leila verbeugt sich tief, Mordechai jedoch nicht.

**Haman** (wütend): He, du da! Was fällt dir ein sich nicht vor mir zu verbeugen. Kennst du mich nicht oder willst du mich nicht kennen, mich Haman, den Minister des Königs?

Leila schnell ab.

**Haman:** Wer bist du überhaupt?

**Mordechai** (kühl, überlegen): Ich bin Mordechai.

**Haman:** Ein verdammter Jude, wie man sieht. Seit wann ist es Juden gestattet sich nicht zu verbeugen?

**Mordechai:** Ich beuge mich nur vor meinem Gott und vor niemandem sonst.

**Haman:** Wir werden sehen.

Haman kommt vom Tor zum leeren Thron.

Mordechai ab.

**Haman:** Mordechai, Mordechai, das wirst du noch bereuen. Jeder muss sich vor mir verbeugen. Jeder! Ich werde dich lehren den Rücken krumm zu machen!

Niemand widersetzt sich mir. Ich habe dem König die absolute Macht zugeschanzt, als wir über die Widerspenstigkeit seiner ersten Frau Vashti beraten haben. Durch meinen Einfluß haben wir die Gesetze so verändert, dass der König seine Geschicke selbst in die Hand nehmen konnte.

Seine absolute Macht ist auch meine Macht!

Du, Mordechai, wirst spätestens am Galgen deinen Kopf beugen und dein ganzes Volk dazu!

Wir werden den König schon dazu bringen einen Erlass zur Vernichtung der Juden zu besiegeln. Er wird das Schicksal der Juden besiegeln.

Gleich lasse ich schon mal einen Galgen für Mordechai errichten. Morgen wird er hängen.

Zunächst aber noch ein kleines Spiel: Das Los soll entscheiden wann die Juden vernichtet werden.


Haman wirft zwei Würfel. Er zeigt die Würfel dem Publikum.


**Haman:** Zweimal 6. In der Summe 12. Die Götter des Glücks haben viel Geduld mit den Juden. In 12 Monaten ist das Glück aufgebraucht.


Haman ab.

# Der Erlass

Achashverosh sitzt auf dem Thron, Haman an der Seite.

**Haman:** Wir haben ein Problem.

**Achashverosh** (müde)**:** Schon wieder. Tag für Tag nur Probleme. Um was handelt es sich denn diesmal?

**Haman:** Überall im Reich leben Menschen, die zum Volk der Juden gehören. Nevuchadnezzar von Babylon hat sie aus ihrer Heimat hierher zu uns gebracht.

**Achashverosh:** Eher gewaltsam hierher verschleppt, wenn Wir uns recht erinnern. Und so ganz nebenbei hat er deren Haupttempel dem Erdboden gleichgemacht.

**Haman:** Richtig. Ein wahrhaft großer Feldherr.

**Achashverosh:** Der gute alte Nevuchadnezzar, er war schon immer extrem „besitzergreifend" ohne an die Folgen zu denken.

**Haman:** Jedenfalls leben diese Leute nun hier und halten sich nicht an Eure Gesetze. Sie beten sogar ihren eigenen Gott an und verweigern unseren Göttern die Gefolgschaft.

**Achashverosh:** Wir sehen darin nichts verbrecherisches. Wir haben genug fremde Völker und fremde Götter in Unser Reich aufgenommen.

**Haman:** Ich mache Euch einen Vorschlag: Ich fülle Euren Thronschatz mit 10000 Silberstücken auf und Ihr laßt mir freie Hand in dieser Sache.

**Achashverosh:** Ein interessanter, einträglicher Vorschlag. Hier hast du Unseren Siegelring. Verfertige einen Erlass nach deinem Gutdünken.

Achashverosh gibt Haman seinen Siegelring.

**Haman:** Ihr seid zu gnädig, mein König. Es geschieht wie Ihr es wünscht.

Haman ab.

**Achashverosh** (düster)**:** Eines Tages geht er zu weit. Dann wird sein Kopf rollen.

Achashverosh ab.

# Mordechai wird geehrt

Morgens. Achashverosh sitzt auf dem Thron.

**Achashverosh:** Die ganze Nacht haben Wir nicht schlafen können. Also haben Wir Uns das Buch der Taten bringen lassen. All die Taten Unserer Untertanen zu Unserem Vorteil sind darin verzeichnet. Und was finden Wir da? Mordechai, der Onkel Unserer geliebten Königin, hat Uns vor Attentätern gerettet und dafür noch keine Belohnung bekommen.

Achashverosh erhebt sich vom Thron.

**Achashverosh:** Dem werden Wir nun abhelfen und Uns dadurch gleichzeitig bei der Königin besonders beliebt machen. Heute abend sind Wir und Haman bei ihr zum Essen eingeladen und eine Ehrung für ihren Onkel kommt da gerade recht.

Achashverosh geht auf und ab.

**Achashverosh:** Nur wie, ist die Frage. Nicht verzagen, Haman fragen. Wozu hat man denn einen Minister, wenn nicht für solche Fragen der Ehre?

Achashverosh setzt sich auf den Thron.

**Achashverosh** (ruft): Haman soll kommen!

Haman kommt zum Thron.

**Achashverosh:** Nun mein lieber Haman, wie sollen Wir einen Menschen ehren der Uns einen großen Dienst erwiesen hat und bisher noch nicht belohnt wurde?

**Haman** (leise zum Publikum): Endlich will er mich für meinen unermüdlichen Einsatz für Thron und Reich belohnen.

**Haman** (zum König): Er soll auf des Königs Pferd in des Königs Gewändern und mit der Krone des Königs auf dem Kopf durch die ganze Stadt geführt werden und überall soll ausgerufen werden: „So ehrt der König den, der Ihm einen Dienst erwiesen hat".

**Achashverosh** (schmunzelt): Eine wirklich geniale Idee. Bis auf die Krone. Die dürfen Wir diesem Menschen nun wirklich nicht aufsetzen. Womöglich verwechseln die Leute am Ende ihn noch mit Uns.

**Haman** (unterwürfig): Natürlich habt Ihr wie immer Recht.

**Achashverosh:** Ansonsten laß einfach kein Detail aus. Führe die Ehrung unverzüglich durch und zwar unbedingt vor unserem Bankett bei der Königin heute abend.

Ach ja. Beinnahe hätte ich den Namen vergessen. Wir ehren Mordechai.

**Haman** (bestürzt): Sagtet Ihr Mordechai, mein König?

**Achashverosh:** Aber ja, er hat mich einmal vor Giftmördern gewarnt.

**Haman** (verstört)**:** Es wird geschehen wie Ihr befiehlt.

**Achashverosh:** Und ich hoffe, unverzüglich.


Haman schnell ab.

# Hamans Untergang

Esther liegt auf dem Diwan, trägt Mantel und Diadem, Achashverosh sitzt auf dem Thron und Haman sitzt links vom Thron im Schneidersitz auf dem Boden. Ein Festmahl.

Eine Tänzerin liegt zunächst mit dem Gesicht nach unten vor dem Thron. Musik setzt ein. Die Tänzerin beginnt zu tanzen. Bodentanz, danach raumgreifend mehr nach rechts.

**Achashverosh** (kaut)**:** Köstlich, das Schweinefleisch heute.

**Haman:** Schade, dass Ihr, hochverehrte Königin, nicht davon kosten wollt.

**Esther:** Schwein bleibt Schwein und was im Schmutz lebt esse ich nicht.

**Haman:** Fast wie bei den Juden. Die essen auch kein Schweinefleisch.

**Esther:** Mein König, stimmt es, dass Ihr die Vernichtung aller Juden im ganzen Reich angeordnet habt?

**Achashverosh:** Nicht das Wir wüssten. Haman, weißt Du etwas darüber?

**Haman** (verlegen)**:** Nun ja, ich hatte Euch doch von diesem unbotmäßigen Volk erzählt, dass unsere Gesetze nicht beachtet. Ihr gabt mir volle Freiheit, was immer nötig ist, auch anzuordnen.

**Achashverosh** (zornig): Aha, jetzt erinnern Wir Uns. Und dir ist nichts besseres eingefallen, als ein Blutbad anzuberaumen. Dafür haben Wir dir Unseren Siegelring nicht gegeben! Was hast du dir dabei gedacht? dass Wir Unsere Truppen gegen unbewaffnete Bürger in den Kampf schicken? In was hast du Uns da hinein geritten?

Achashverosh macht eine Handbewegung zur Tänzerin. Diese ab, Musik aus.

Achashverosh kurzzeitig ab.

Haman beugt sich von vorn über Esther, fasst sie am Arm.

**Haman** (flehend): Ihr seid meine letzte Hoffnung, rettet mich, Herrin! Er wird mich vernichten!

Achashverosh kommt zurück.

**Achashverosh** (wütend): Was tust du da, du Sohn eines räudigen Wüstenschakals? Wie kannst du es wagen Unsere Königin auch nur anzurühren? Scher dich weg, **EX**-Minister!

Haman schnell ab.

**Achashverosh** (schaut zufällig aus dem Fenster): Ein Galgen? Für wen? Wer hat das angeordnet?

Leila kommt.

**Leila:** Den hat Haman errichten lassen für Mordechai, dem Ihr so große Ehre erwiesen habt.

**Achashverosh** (brüllt, Kasernenhofton)**:** Wir werden diesem Ex-Minister eine ganz besondere Ehre erweisen! Wachen, schnappt euch Haman und hängt ihn an seinem eigenen Galgen da draußen auf! **SOFORT!**

Achashverosh beugt sich von hinten über Esther.

**Achashverosh:** Es tut Uns so leid. Wir haben dem falschen Mann vertraut. Vielleicht sollten Wir in Zukunft nur Unserer Königin vertrauen?

Esther steht auf, der Mantel gleitet wie unabsichtlich von ihren Schultern. Sie trägt eventuell ein neues schöneres Kostüm und auf jeden Fall extrem viel Schmuck (denn: "Mit Gold schmückt man Opfer"). Sie geht zum Bühnenrand und dreht dabei dem König den Rücken zu.

**Esther:** Für mich gibt es keine Zukunft.

**Achashverosh:** Was sagst du da? Wie meinst du das?

**Esther:** Weil Ihr mich hinrichten lassen werdet, mein geliebter König.

**Achashverosh:** Niemals, wie kann dir so etwas nur in deinen hübschen Kopf kommen?

**Esther:** Und Vashti? Habt Ihr die nicht hinrichten lassen.

**Achashverosh:** Nur aufgrund einer Intrige des Haman.

**Esther:** Auch mein Volk soll nun einer Intrige des Haman zum Opfer fallen.

**Achashverosh:** Volk? Bis Du etwa Jüdin?

**Esther:** Mein Onkel Mordechai hatte mich gebeten das geheim zu halten. Doch nun kann ich nicht länger schweigen. Wenn Ihr mich liebt, rettet mein Volk, ich bitte Euch nur um das Eine.


Achashverosh geht um den Diwan herum und geht die halbe Strecke zwischen Diwan und Esther.


**Achashverosh:** Auch Wir müssen Uns an Gesetze halten. Ein mit Unserem Siegelring besiegelter Erlass kann nicht zurück genommen werden.

**Esther** (schreit, breitet die Arme aus): Werdet Ihr für mein Volk auch Galgen errichten lassen wie Haman es getan hat? Oder stürmen Eure Soldaten in unsere Häuser und schlachten unsere Frauen und Kinder grausam mit dem Schwert?

Werdet Ihr den Mut finden mich eigenhändig mit Eurem Schwert zu durchbohren? Was werdet Ihr tun, wenn ich dann vor Euch liege und mit meinem letzten Atem Euch meine Liebe bekenne?

**Esther** (atmet heftig): Und danach? Seid Ihr dann glücklich, wenn Ihr über die Leiber erschlagener Juden und über meinen blutigen Leib in ein judenfreies Reich marschieren könnt?

**Achashverosh:** Beruhige dich. Für dich werden Wir eine Ausnahme vom Erlass machen. Wir werden nicht zulassen, dass dir etwas passiert.

**Esther:** Ich bin keine Ausnahme, ich bin Jüdin. Von meinem Volk und meinem Glauben kann und will ich mich nicht los sagen.

Esther dreht sich um und wirft sich Achashverosh zu Füßen. Sie schaut zu ihm auf und umklammert seine Beine.

**Esther:** Nehmt mich an Stelle meines Volkes. Vollzieht den Erlass nur an mir, lasst aber den Juden ihr bescheidenes Leben. Sie tun niemandem etwas. Verschont auch meinen Onkel Mordechai.

Achashverosh hebt Esther auf und hält sie an den Händen. Sie stehen sich dicht gegenüber. Profile zum Publikum.

**Achashverosh:** Mordechai? Mordechai? Den haben Wir doch gerade hoch geehrt. Auch er ein Jude, wie merkwürdig. Allerdings hat er Uns schon einmal gerettet. Vielleicht rettet er auch diese Situation?

**Achashverosh** (wendet sich zu Leila)**:** Weißt du wo Mordechai zu finden ist?

**Leila:** Mordechai sitzt wie immer beim Palasttor.

**Achashverosh:** Rasch, schaffe ihn herbei.

Leila ab.

**Achashverosh:** Der blanke Wahnsinn, dieser verdammte Haman.

Achashverosh lässt Esther los und geht zum Fenster. Esther dreht sich zum Publikum..

**Achashverosh** (schaut aus dem Fenster, schreit): Wachen, holt endlich die Leiche Hamans vom Galgen und macht aus diesem Ding Kleinholz! Wie lange soll das noch dauern!?

Mordechai kommt mit Leila zurück.

**Achashverosh:** Endlich treffen Wir dich selbst. Esther hat Uns von deiner Weisheit erzählt und Wir kennen deine Verdienste um das Reich. Sie sind in Unserem Buch der Taten verzeichnet. Wie bist du nach Persien gekommen?

**Mordechai:** Nach der Verschleppung aus unserer Heimat Israel konnten wir hier in Frieden leben. In der Tradition meiner Familie wurde ich ein Mitglied der Sanhedrin, also ein Richter jüdischer Angelegenheiten.

**Achashverosh:** Ein Richter. So wirst du Uns vielleicht auch sagen können, wie Wir den Erlass zur Judenvernichtung aufheben können.

**Mordechai:** Nach persischem Gesetz können Erlasse, die das Siegel des Königs tragen, nicht aufgehoben werden. Auch Ihr selbst könnt Euch nicht über das Gesetz hinwegsetzen. Es wäre jedoch möglich, einen zweiten Erlass herauszugeben, der den ersten gewissermaßen „neutralisiert".

**Achashverosh:** Und wie müsste dieser zweite Erlass lauten?

**Mordechai:** Erlaubt den Juden, dass sie sich selbst verteidigen dürfen, wenn sie angegriffen werden. Sie sollen das Recht erhalten Waffen zu tragen und im Falle eines Angriffs alle Feinde einschließlich deren Frauen und Kindern töten zu dürfen. Außerdem sollten sie das Recht erhalten den Besitz der Angreifer zu plündern.

**Esther:** Das ist ja schrecklich. Frauen und Kinder bei der Selbstverteidigung zu töten. Das ist keine Selbstverteidigung sondern ein Massaker!

**Mordechai:** Selbstverständlich werden wir keine Frauen und Kinder töten. Der zweite Erlass muss aber so scharf abgefasst sein, so abschreckend sein, dass kaum einer es wagen wird den ersten Erlass zu befolgen.

**Achashverosh:** Genau. Ein wahrlich weiser Rat. Was hältst du, Mordechai davon, als Minister in Unsere Dienste zu treten? Wir brauchen einfach klügere Leute als diesen Haman.

**Mordechai:** Zumindest werde ich klügere Erlasse in Eurem Namen herausgeben. Die

Klugheit fällt dann auf Euch und Euer Ansehen im Reich und in der Welt zurück.

**Achashverosh** (schmunzelt): Dann sollst Du uns lange erhalten bleiben und Uns mit Rat

und Tat zur Seite stehen wie Unsere Königin - deine und Unsere.


Alle ab.

# Der 14. Adar

Mordechai tritt aus dem Bühnenhintergrund an den Bühnenrand. Er hat ein Schwert in der Hand.

**Mordechai:** Jahrhundert auf Jahrhundert, Jahr um Jahr hat man versucht uns zu vertreiben, zu versklaven oder zu vernichten. Aber hier und heute haben wir gezeigt, dass auch Juden Widerstand leisten können und Gott hat uns den Sieg geschenkt. Wir haben alle Angreifer vernichtet. Allein 10 Söhne Hamans haben wir aufgehängt. Sein Name wird verflucht sein in alle Ewigkeit.

An diesem Tag - dem 14. Adar - werden alle Juden Jahr für Jahr unseres Sieges gedenken.

Wir sind das auserwählte Volk, das Salz dieser Erde. Uns wird es noch geben, wenn alle Könige und Reiche in den Staub gesunken und ihre Taten längst vergessen sind.

Mordechai stößt das Schwert hoch in die Luft.

**Mordechai:** Und nicht immer lassen wir uns wehrlos zur Schlachtbank führen. Auch Juden können sich verteidigen!

Mordechai läßt langsam das Schwert sinken und dann auf den Boden fallen. Er hebt die Arme und dreht die Handflächen zum Publikum.

**Mordechai:** Und dennoch - SCHALOM!

Musik.

# Saba!

## Personen:

Saba, Königin von Saba

Salomo, König der Juden

Amira, Dienerin der Königin von Saba

Meritamun, ägyptische Prinzessin, Frau des Salomo

Hohepriester

Tamrin, ein Händler

Attentäter

Scharfrichter

Frau1

Frau2

Tänzerin

Diener1

# Orte:

Marib, der Palast der Königin von Saba

Jerusalem, Palast des Salomo

Jerusalem, Zelt der Königin von Saba

# Saba

*Sie erschien mir aus dem Nichts. Ihre Haare eine pechschwarze Feuerkorona, Wut in den Augen - oder war es Wahnsinn?.*

*Ihr schmaler Finger schoss vor und zeigte auf mich.*

*„DU, Du wirst MEINE Geschichte erzählen." herrschte sie mich an.*

*„Die wahre Geschichte der Königin von Saba.*

*Die Juden haben mich zu einer Hexe und Verführerin stilisiert, mich als eine Dämonin denunziert. Die Christen sahen in mir nur eine Sklavin Salomos und die Moslems erklärt mich zu einer ihrer Heiligen.*

*Alles so falsch und verlogen. Schluss damit!"*

*Sie schwebte langsam heran und packte urplötzlich zu und zog mich brutal zu sich heran. Ihr Gesicht kam immer näher, näher, die Augen glühten wie Feuer der Hölle und dann verbrannten mich ihre Lippen und ich SAH........*

# Marib

Palast der Königin von Saba in Marib.

Saba kniet am Fenster, das Licht der Sonne auf ihrem Gesicht. Sie hält eine Schale mit Wasser mit beiden Händen.

**Saba** (singt): Aaaaalmaqa, Aaaalmaaaqa, Almaaaaqa, Almaqaaaa, Almaaaqaaaa. Sonne unseres Lebens, Mutter unseres Volkes. Süß ist das Wasser das Du uns schickst aus den Bergen und wärmst mit Deinen Strahlen! Schütze unsere Stadt Marib und unser ganzes Land!

Amira kommt gelaufen. Außer Atem.

**Amira:** Königin! Königin! Tamrin ist gerade aus Jerusalem gekommen!

Saba stellt die Schale auf den Boden und erhebt sich.

**Saba** (lacht): Immer noch wie ein kleines Mädchen! Amira, wann wirst Du es lernen meine Gebete nicht zu unterbrechen, egal woher irgendwer gekommen ist. Was hat es mit diesem Tamrin auf sich?

**Amira:** Verzeiht mir, meine Königin! Aber Tamrin, der Händler, kommt direkt aus Jerusalem, von König Salomo und er bringt vom König der Juden eine Nachricht für Euch.

**Saba** (schmunzelt)**:** Der König der 1000 Frauen will mich wohl als 1001 in seinen Harem einführen. Aber sei wie es sei, schaff' mir diesen Tamrin herbei!

**Amira:** Er wartet bereits in der Vorhalle.

**Amira** (ruft)**:** Der Händler Tamrin soll kommen!

Tamrin tritt ein und fällt vor Saba auf die Knie.

**Saba:** Nun, Tamrin, welche Geschäfte führten Dich nach Jerusalem?

**Tamrin:** Das Übliche. Gold und besonders Weihrauch. Seit Salomo für seinen Gott einen riesigen Tempel errichtet hat, brauchen die Priester für diesen einen Tempel soviel Weihrauch wie wir für alle Tempel unseres Reiches zusammen. Ich denke, wir werden auch zukünftig hervorragende Geschäfte mit den Juden machen.

**Saba:** Hast Du Salomo gesehen? Stimmt es, dass er 1000 Frauen in seinem Harem hat?

**Tamrin:** Ein König der Könige. Sein Reich ist wirklich riesig und der Tempel das größte Bauwerk, das ich je gesehen habe. Ob sich nun 1000 Frauen in seinem Harem befinden konnte ich natürlich nicht persönlich überprüfen, aber man spricht davon in ganz Jerusalem.

**Amira:** Die Nachricht, Tamrin, wie lautet die Nachricht?

**Tamrin:** König Salomo lädt die Königin von Saba in sein Reich ein. Als direkte Nachbarn möchte er unsere Zusammenarbeit verstärken und die Königin selbst kennen lernen.

**Saba:** So kennen lernen wie die Prinzessin aus Ägypten, seine neueste „Eroberung"?

**Tamrin:** Diesmal geht es wohl mehr darum die Weihrauchversorgung sicherzustellen, was ja ganz in unserem Interesse liegt.

**Saba:** In Deinem Interesse, hauptsächlich. Du kannst gehen, Tamrin!

Tamrin ab.

**Saba:** Nun, was meinst Du, Amira?

**Amira:** Die Alternative wäre möglicherweise, dass Salomo zu uns kommt. Dann aber wohl an der Spitze einer ganzen Armee. Unsere Politik zwischen den großen Reichen Ägypten und Israel war immer, ein Gleichgewicht zu halten. Ich empfehle dringend, zu Salomo zu reisen und mit ihm zu verhandeln.

**Saba:** Wir brauchen Klarheit. Hast Du eine Vorahnung was uns in Jerusalem erwartet, Amira? Du bist da empfänglicher als ich.

**Amira:** Versuchen wir es.

Amira kniet sich hin mit dem Rücken zu Saba und schließt die Augen. Nach einer kurzen Pause beginnt Amira sich hin und her zu wiegen. Saba legt eine Hand auf Amiras Schulter.

**Saba** (flüstert)**:** Was siehst Du, Amira? Was erwartet uns DORT?

**Amira:** Gefahr, große Gefahr! Tod, Verderben und Wahnsinn!

**Saba** (flüstert)**:** Wer stirbt, Amira! Sag es mir!

**Amira** (atmet schwer)**:** Eine Frau, sie windet sich am Boden in großer Qual! Ich sehe eine Schlange, eine Schlange!

**Saba** (flüstert)**:** Und Salomo? Was ist mit Salomo?


**Amira:** Glücklich. Erst ist er sehr glücklich. Dann verfinstert sich alles um ihn. Er ringt die Hände und schreit!


**Saba** (flüstert)**:** Was ist unser Schicksal?


**Amira:** Ich sehe Euch nicht. Aber.... Aber da ist eine Frau, ich kann ihr Gesicht nicht erkennen.


**Amira** (schreit)**:** Ein Schwert bohrt sich in ihren Bauch! Überall Blut! Ahhhhhh!


Amira bäumt sich auf und fällt heftig atmend zu Boden.


**Saba:** Was für ein Wahnsinn! Aber solche Bilder können täuschen. Almaqa steh' uns bei!

# Jerusalem

Salomos Palast in Jerusalem. Thronsaal. Salomo sitzt auf dem Thron. Ein Diener mit einem Stab am Eingang.

Der Diener stößt dreimal laut mit dem Stab auf den Boden.

**Diener** (ruft)**:** Die Königin von Saba. Herrscherin von Marib. Tochter der Göttin Almaqa. Oberste Hohepriesterin der Göttin Almaqa und des ganzen Reiches von Saba.

Saba tritt ein. Salomo mustert sie genau. Saba geht bis kurz vor den Thron.

**Saba:** Gegrüßt seist Du Salomo, Herrscher über Israel und seine zwölf Stämme. Das Volk von Marib übermittelt Euch seine Verehrung und schenkt Euch als Zeichen seiner Verbundenheit 500 Kamele beladen mit Weihrauch und 100 Maulesel beladen mit Gold.

**Salomo** (erhebt sich, lächelt)**:** Solch ein großes Geschenk hätten Wir niemals von Euch erwartet, die Ihr aus einem so fernen Land zu Uns gekommen seid. Um so größer ist Unsere Dankbarkeit. Sagt mir, Saba, mit welchen Geschenken können Wir Euch erfreuen?

**Saba:** Mit dem Geschenk Eurer Weisheit. Schon so oft haben Wir von Eurer großen Weisheit gehört. Nun zog es Uns hierher um alles selbst mit eigenen Augen und eigenen Ohren zu erfahren.

**Salomo:** Ihr seid zu bescheiden. Aber vielleicht gibt es noch andere Interessen die Uns verbinden?

**Salomo:** Auch heute werden Wir wie jeden Tag Recht sprechen. Alle Unsere Untertanen haben das Recht ihre Streitfälle Uns, dem König selbst vorzutragen und um ein gerechtes Urteil zu bitten. Setzt Euch an Unsere Seite und schaut zu. Vielleicht ist ein Stück Weisheit auch heute zu finden.

Salomo setzt sich wieder auf den Thron. Saba setzt sich auf eine Bank neben Salomo.

**Diener** (ruft)**:** Der Fall der zwei Frauen.

Der Diener stößt zweimal den Stock auf den Boden. Zwei Frauen treten ein und werfen sich vor Salomo zu Boden.

**Salomo:** Nun?

**Frau1:** Diese Frau macht mir mein Kind streitig! Ihr eigenes ist vor wenigen Nächten gestorben, dann hat sie mir meins entrissen!

**Frau2:** Das ist nicht wahr! Es war ihr Kind das gestorben ist und nicht meins. Es ist mein Kind das lebt!

**Salomo:** Bringt das Kind!

Der Diener bringt das Kind und legt es Salomo zu Füßen.

**Salomo:** Das Schwert!

Der Diener bringt das Schwert.

**Salomo:** Wir werden das Kind in zwei Teile teilen und jeder Frau eine Hälfte geben.

Salomo hebt das Schwert über das Kind.

**Frau1:** Nein, großer König, nur das nicht! Gebt ihr das Kind, doch tut ihm nichts zu leide!

**Frau2:** Nein, es ist weder mein noch Dein, lass es teilen!

Salomo senkt das Schwert und legt es auf den Boden. Er nimmt das Kind und gibt es Frau1.

**Salomo:** Nur Dir kann das Kind gehören, denn Du bist die wahre Mutter.

Frau2 und Frau1 mit dem Kind ab.

**Saba:** Es ist unglaublich! Meine Bewunderung kann ich nicht einmal in Worte fassen! Wie ist so etwas möglich! Hat Euch Euer Gott die Lösung offenbart?

**Salomo** (nachdenklich, mehr zu sich selbst)**:** Manchmal denke ich, es ist so. Die Lösung ist einfach da. Als wäre sie vom Himmel gefallen. Und manchmal ist es einfache Logik. Aber ob die Logik von Gott kommt?....

Salomo klatscht in die Hände.

**Salomo:** Genug! Musik und Tanz, Speise und Trank zu Euerem und Unserem Vergnügen.

Eine kleine Tänzerin springt herein und tanzt zur Musik. Der Diener bringt Speisen auf einer Platte und füllt aus einem Krug Wasser in die Becher von Salomo und Saba.

**Saba:** Auch wir laden Euch ein, großer König, in mein Zelt vor den Toren der Stadt  zu einem Festmahl mit Tanz und Musik aus Marib.

**Saba** (lächelt geheimnisvoll)**:** Auch Wir haben Tänzerinnen. Seid Unser Gast.

**Salomo:** Gerne nehmen Wir Eure Einladung an, schöne Königin.

# Tanz

Sabas Zelt.

Salomo sitzt auf dem Teppich.

Musik erklingt.

Saba (verschleiert) kommt tanzend herein.

Im Lauf des Tanzes entfernt sie den Schleier.

Salomo ist erstaunt.

Am Ende des Tanzes kniet sie sich vor Salomo hin.

Beide schweigen.

**Salomo:** Nicht ein Wort kann meine Freude und mein Glück ausdrücken. Nach Deinem Tanz. Des Traumes Traum ergriff mich und Dein Tanz führte mich geradewegs ins Paradies.

**Saba:** Nur für Dich. Kein Sterblicher hat diesen Tanz zuvor gesehen. Almaqa (berührt das Sonnensymbol auf ihrer Stirn) selbst gab ihn mir ein.

**Salomo:** Diese Symbole auf Deiner Haut, welche Bedeutung haben sie?

**Saba:** Sie beschreiben den Kosmos des Reiches von Saba. Die Welt von Marib und das Leben aller in meinem Reich.

**Salomo:** Erkläre es mir. Ich möchte es verstehen.

**Saba:** Gib mir Deine rechte Hand.

Saba nimmt die Hand von Salomo und führt Sie zum Sonnensymbol auf ihrer Stirn.

**Saba:** Almaqa. Die Sonnengöttin. Mutter unseres Volkes. Meine Mutter. Spenderin allen Lebens. Sie ist der Quell unserer Kraft und Ziel unserer Anbetung. Ob Frau ob Mann, ob Kind, ob Greis, ob Stein oder Pflanze, alles ist IHR geweiht und gehört nur IHR. Ohne Sie sind wir nichts.

Saba führt die Hand zur Pflanzenranke auf ihrem Bauch und überstreicht mit Salomos Hand die ganze Länge des Symbols. Sie biegt Ihren Körper leicht nach vorn.

**Saba:** Die Pflanze. Jedwede Pflanze auf der Welt. Nicht nur der Weihrauch den wir Dir gebracht haben. Die Pflanze, geboren und belebt von Almaqa, uns zu dienen, zu ernähren und unsere Reichtümer zu mehren.

Saba berührt vorsichtig mit Salomos Hand die doppelte Wasserlinie unterhalb ihres Bauchnabels.

**Saba:** Das Wasser. Aus den Bergen um Marib fließt es in den großen Stausee. Überleben in der Wüste und das Wachsen der Pflanzen. Der Spiegel Almaqas.

So schließt sich der Kreis. Almaqa gibt uns das Wasser um zu überleben, wir geben es den Pflanzen um zu überleben und beten Almaqa an um zu überleben. Almaqa ist unsere höchste Gottheit.

**Salomo:** Aber es kann nur einen Gott geben. Und dieser ist der Gott Israels, nicht die Sonne. Gott ist unsichtbar und daher um so mächtiger.

**Saba:** Und dennoch hast Du auf den Hügeln um Jerusalem Tempel und Schreine für andere Götter errichten lassen.

**Salomo:** Weil ich niemandem vorschreiben will an welchen Gott er glauben soll.

**Saba:** Aber wenn nun dieser „Er" eine „Sie" ist? Was dann?? Almaqa ist auch und gerade eine Göttin für Frauen.

Saba steht auf. Salomo bleibt zunächst am Boden.

**Saba:** In Marib reite ich manchmal alleine weit hinaus in die Wüste, steige auf eine hohe Düne und wende mich Almaqa zu. Ihre ungeheure Kraft auf meiner Haut.

Saba breitet die Arme aus, legt den Kopf leicht zurück und schließt die Augen.

**Saba:** Lasse mich blenden von Ihrem Glanz. Brenne in ihrem heißem Atem. Flehe sie an mich zu sich zu nehmen. Biete mich selbst als Opfer an.

Salomo erhebt sich und tritt hinter Saba.

**Saba:** Dann - Ein winziger Schweißtropfen rinnt meinen Bauch hinab und berührt die Pflanze.

Saba hebt die Arme über den Kopf streckt sich und überkreuzt die Handgelenke.

**Saba:** Und ich spüre wie sie erblüht und die ganze Wüste um mich herum erwacht zum Leben.

**Salomo** (flüstert)**:** Zauberei!

**Saba** (flüstert)**:** Jaaaa!

Salomo legt seine Hände von hinten auf ihre Hüfte.

**Salomo** (flüstert)**:** Dein Zauber.


Saba reißt die Augen auf und dreht sich schnell aus Salomos Umarmung heraus.


**Saba** (schreit)**:** NEIN - Kein Mann darf mich berühren!


**Salomo:** Was?? Welchen Unsinn redest Du da? Du hast mich mit Deinem Tanz verführt, Du hast meine Hand geführt damit ich Deine Haut berühre. Ich habe Dein Verlangen gesehen und gespürt.


**Saba:** Verzeih mir, ich habe mich selbst und meine Pflichten vergessen. Der Tanz war nur ein einfaches Geschenk an Dich. Doch ich bin Höherem verpflichtet. Als ich Königin wurde, musste im Angesicht Almaqas ich schwören, dass nie ein Mann mich besitzen darf, dass ich bis zu meinem Tod Jungfrau bleiben werde. So will es das Gesetz von Saba.

Doch als ich Dich sah wollte ich nicht mehr Jungfrau sein, ja nicht einmal Königin wollte ich mehr sein sondern nur Frau.


Saba rennt hinaus. Salomo schaut ihr erstaunt hinterher und verlässt dann auch das Zelt.

# Wasser

Im Palast.

Saba und Salomo liegen sich gegenüber, eine Platte mit Essensresten zwischen sich. Musik. Die kleine Tänzerin tanzt.


**Saba:** Eine gewaltige Stadt und einen ebenso gewaltigen Tempel für Deinen Gott hast Du errichten lassen. Jerusalem, die ewige Stadt. Du hast großartiges geleistet.


**Salomo:** Doch neue Großtaten werden folgen. Dir zuliebe werde ich im Tempel eine riesige goldene Statue Deiner Göttin aufstellen. So können wir gemeinsam zu unseren Göttern beten.


**Saba:** Almaqa wird sich auch dieser Stadt gnädig erweisen und ihre Strahlen werden ihr mehr Wärme spenden. Ich danke Dir für dieses wahrhaft königliche Geschenk. Was werden jedoch Deine Priester dazu sagen? Werden sie so etwas zulassen?


**Salomo:** Ich bin der König, was sollen sie machen?


**Saba:** So wird es sein. Almaqa sei Dank.


Die Tänzerin entfernt sich.

Saba und Salomo schweigen lange und schauen sich an. Dann lachen beide gleichzeitig verlegen.

**Saba:** Wenn Du erlaubst, werde ich mich nun zurückziehen in mein Zelt vor den Toren der Stadt.

**Salomo** (lächelt)**:** Ich erlaube es nicht. Der Chamsin weht um die Mauern der Stadt und treibt den Sand vor sich her. Du kannst hier die Nacht bei mir verbringen. Du auf Deiner Seite und ich auf meiner Seite des Raumes.

**Saba** (lächelt)**:** Du lügst, kein Windhauch regt sich. Alles ist still. Ich kenne Deine geheimsten Gedanken und Wünsche.

Salomo lächelt und schweigt.

**Saba:** Gut. Ich werde bei Dir bleiben, die ganze Nacht. Du musst mir aber schwören, dass Du mich nicht anrührst.

**Salomo:** Das werde ich schwören, wenn auch Du schwörst, dass Du nichts in diesem Palast anrühren wirst was Dir nicht gehört.

**Saba** (wütend)**:** Bin ich eine Diebin?! Für wen hältst Du mich?

Salomo hebt beschwichtigend die Hand.

**Salomo:** Schwöre und so werde ich schwören.

**Saba:** Ich schwöre, dass ich in Deinem Palast nichts anrühren werde was mir nicht gehört.

**Salomo:** So schwöre auch ich, dass ich Dich nicht anrühren werde.

**Saba:** Ich wünsche Dir eine gute Nacht, König der Könige.

**Salomo:** Süße Träume wünsche ich Dir, schönste aller Frauen.

Saba legt sich hin und schläft ein. Der Diener bringt ein Krug mit Wasser und stellt ihn zwischen Salomo und Saba. Salomo stellt sich schlafend.

Saba erhebt sich und schaut kurz zu Salomo.

**Saba** (flüstert): Süße Träume, ha! Das Essen war versalzen und nicht einmal Wasser gab es zu trinken. Nur Wein. Aber hier steht ein Krug mit Wasser.

Saba nimmt den Krug und setzt ihn an die Lippen.
Salomo richtet sich auf.

**Salomo:** Halt! Warum brichst Du Deinen Eid?

**Saba:** Aber es ist doch nur Wasser. Willst Du mir verwehren Wasser zu trinken?

**Salomo:** Woher kommst Du? Dein Reich ist ein Reich der Wüste.

**Saba:** Und?

**Salomo:** Was ist das Wertvollste in Deinem Reich? Ist es Gold, ist es Weihrauch?

**Saba** (senkt den Kopf)**:** Es ist das Wasser.

Saba stellt den Krug wieder auf den Boden.

**Salomo:** Genau! Ich habe Männer gekannt, die nach 3 Tagen in der Wüste ohne Wasser ihr ganzes Gold und alles andere was sie besaßen für einen Tropfen Wasser hergegeben hätten.

**Saba:** Das stimmt. Doch nun erlasse mir den Eid, damit ich trinken kann.

**Salomo:** Erlässt Du mir auch meinen Eid, so dass ich Dich anrühren darf, so werde ich Dir auch Deinen Eid erlassen.

**Saba:** Ich erlasse Dir Deinen Eid. Du kannst mit mir machen was Dir gefällt.

Saba breitet die Arme aus und lacht laut.

**Saba:** Du hast mich überlistet!

Saba und Salomo umarmen sich.

# Meritamun

Im Palast.

Meritamun liegt schlafend auf dem Diwan. Salomo kommt leise herein und schaut die Schlafende lange an. Meritamun erwacht und richtet sich halb auf.

**Meritamun:** Endlich kommt Ihr wieder zu mir mein geliebter Gemahl und König. Legt Euch zu mir und vergesst die Sorgen des Tages.

Salomo schaut sie schweigend an. Meritamun schmiegt sich an Salomos Beine und windet sich wie eine Schlange an ihm hoch. Er schüttelt sie ab und macht einen Schritt zur Seite. Meritamun rutsch zurück in die Hocke.

**Meritamun** (hebt flehend die Hände)**:** Bin ich Euch nicht mehr gut genug? Ich, Meritamun, Tochter des göttlichen Pharaos beider Ägypten, bin Eure Frau. Alle 1000 Frauen Eures Harems begehren Euch. Verzehren sich vor Sehnsucht nach Euch. Doch Ihr habt mir so manche Nacht ins Ohr geflüstert (senkt die Stimmlage, männlich): „Du bist die Schönste der 1000, schöner noch als Sulamith".

**Salomo:** Menschen ändern sich.

**Meritamun:** Ich nicht. Ich bin immer noch die Gleiche. Ich liebe Euch mit jeder Faser meiner Existenz.

Meritamun wirft sich vor Salomo aufs Gesicht. Salomo schweigt.

Meritamun steht auf.

**Meritamun** (bitter)**:** So ist es also wahr. Diese fremde Königin hat Euch den Kopf verdreht. Und ich? Mein Vater, der göttliche Pharao, will wissen wann ich Euch endlich einen Thronfolger schenken werde. Doch Ihr vergnügt euch mit einer anderen. Habt Ihr vergessen, dass Ihr mich auch aus politischen Gründen zur Frau genommen habt? Was wird der mächtige Pharao sagen, wenn er all das erfährt?

**Salomo:** Dein Vater ist kein Ramses. Und mir tributpflichtig wie jeder andere König. Selbst der große Ramses wurde von Moses geschlagen.

**Meritamun** (laut, wütend)**:** ICH werde mich niemals geschlagen geben. NIEMALS! Ich werde nicht einfach im Harem verschwinden und das Bett des Königs einer anderen überlassen!

Salomo packt Sie hart am Arm. Meritamun schreit auf.

**Salomo:** Niemand stellt sich mir in den Weg. Du wirst gehorchen wie alle anderen auch. Dein Platz ist im Harem.

Meitamun reißt sich los.

**Meritamun:** Nein!

Meritamun rennt hinaus.

# Die Schlange

Sabas Zelt. Der Diwan ist mit einem Tuch bedeckt.

Amira bereitet Saba auf die Nacht vor. Nimmt den Schmuck entgegen.


**Amira:** Ihr wart bei Salomo im Palast, meine Königin.


**Saba:** Und?


**Amira:** Allein. Ohne Begleitung.


**Saba** (flüster)**:** Ja.


**Amira:** Und habt ihr.....?


**Saba:** Was spielt das für eine Rolle?


**Amira:** Aber Euer Eid!


**Saba:** Manchmal ist man gezwungen etwas zu tun, was man nicht durfte aber doch die innerste Bestimmung ist.


**Amira:** Ihr sprecht in Rätseln.

Amira deckt den Diwan auf und sieht die Schlange.

**Amira:** Eine Schlange! Ich rufe die Wachen!

**Saba:** Nein, überlass das mir!

**Amira:** Ihr seid wahnsinnig! Das Gift dieser Schlange ist tödlich!

**Saba:** Das weiß ich selbst! Eine ägyptische Uräus-Schlange.

Amira zieht sich zum Eingang des Zeltes zurück. Saba kniet vor dem Diwan. Sie breitet ihre Arme aus und führt kreisende Bewegungen aus.

**Saba:** Almaqa, steh mir bei!

Saba greift blitzschnell zu und packt die Schlange direkt hinter dem Kopf. Sie bricht ihr mit beiden Händen das Genick und wirft sie in die Ecke.

**Saba:** Ägyptische Brut, verdammte! Almaqa soll euch mit Feuer und Wut ausbrennen!

# Ein Gottesgericht

Thronsaal.

Salomo allein. Der Scharfrichter bringt nacheinander 3 gleiche Gefäße und stellt sie in einer Linie auf. Dann kommt er mit dem Schwert zurück und baut sich hinter der Linie auf.

Meritamun kommt.


**Meritamun:** Ihr habt mich rufen lassen, mein König und Gemahl?


**Salomo:** Schlangen.


**Meritamun:** Wie bitte?


**Salomo:** Leugnest Du eine Uräus-Schlange ins Zelt der Königin von Saba geschmuggelt zu haben?


**Meritamun:** Ich weiß nicht was Ihr meint, eine Schlange im Zelt der Königin???


**Salomo:** Ha! Wer hat hier in Israel schon Uräus-Schlangen? Du trägst eine aus Gold auf Deinem Kopf, ich weiß dass Du lebendige im Palast hast. Deine „Haustierchen" gewissermaßen, oder Deine Waffen??? Wolltest Du nicht demnächst eine an mir ausprobieren?

Meritamun wirft sich Salomo zu Füßen.

**Meritamun:** Das sind üble Verleumdungen! Nichts davon ist wahr!

**Salomo:** Ich bin der Richter über Leben und Tod. Dein Leben ist verwirkt! Der Scharfrichter steht dort bereit um Deinen Kopf vom Leib zu trennen. Aber ich bin als weiser und gnädiger Herrscher bekannt.

Ich habe drei Gefäße bringen lassen. In zwei von den dreien befinden sich Uräus-Schlangen. Du hast die Wahl: Wähle ein Gefäß und fasse hinein. Wenn keine Schlange Dich beißt, bist Du frei und kannst mein Reich verlassen. Wenn eine Dich beißt – nun, Du kennst diesen Tod.

**Meritamun:** Nein! Nur das nicht! Ich bin unschuldig!

**Salomo:** Wenn Du unschuldig bist, wird Dein Gott Dir sicherlich bei Deiner Wahl helfen und Dich retten. Weigerst Du Dich aber in ein Gefäß zu greifen, so wird der Scharfrichter sein Schwert benutzen.

Meritamun geht langsam zu den Gefäßen, kniet sich nieder, verneigt sich, Hände auf dem Boden und beginnt ein Gebet.

**Meritamun:** Amun ra amun dej su ahar oktu usintu ibet.

Meritamun hebt die Hände.

**Meritamun:** Hai senn. Paja bedshai. Bine hore, ime.

Meritamun kreuzt knieend die Hände vor der Brust.

**Meritamun:** Dlachame. Jou tjalenka. Ben bi ai cha weit it at.

Meritamun senkt die Hände, schaut Salomo flehend an und rutscht nach einer kurzen Pause auf den Knien zu den Gefäßen.

Ihre rechte Hand schwebt über allen drei Gefäßen und dann steckt sie langsam die Hand in das mittlere.

Sie schreit kurz auf, ihr Arm zuckt ein Stück zurück, dann tiefer ins Gefäß. Erneut ein Schrei. Salomo lächelt grausam.

Schließlich zieht Meritamun die Hand aus dem Gefäß und schaut sie fassungslos an.

**Meritamun** (flüstert)**:** Nein. Nein.

**Meritamun** (schreit)**:** Nein!

Meritamun kippt zur Seite und schreit auf.

Sie rollt auf den Rücken und bäumt sich schreiend auf. Ihre Arme schlagen auf den Boden. Sie rollt auf den Bauch, streckt ihre Hand nach Salomo aus und stöhnt.

**Meritamun:** Mein König, helft mir, habt Erbarmen, lasst mich nicht so sterben!


**Salomo:** Nichts und niemand kann Dir helfen. Nur der Tod. In allen DREI Gefäßen war eine Schlange. Deine Strafe war vorherbestimmt. Dein Gott Amun hätte ein Wunder für Dich vollbringen müssen. Hier hat er keine Macht. Denn MEIN ist die Macht.


**Meritamun** (flüstert)**:** Ihr seid kein weiser Herrscher mehr. Grausamkeit, Grausamkeit ist Euer.............


Meritamun kriecht auf dem Bauch mit ausgestreckter Hand auf Salomo zu. Wenige Zentimeter vor Salomos Fuß bricht sie tot zusammen.


**Salomo:** Grausamkeit ist das Privileg der Macht.


Salomo ab.

# Der Hohepriester

Thronsaal. Salomo geht auf und ab. Der Hohepriester kommt.

**Hohepriester:** König der Juden, Erbauer des Tempels, Bewahrer des Glaubens, Ihr habt mich rufen lassen.

**Salomo:** Nun, Hohepriester, seit Tagen schleichst Du durch den Palast, als wüsstest Du nicht wohin mit Deinen dunklen Gedanken. Ich habe mir sagen lassen, dass Du Deine Priester gegen MEINE Pläne aufhetzt. Wer hat hier das Sagen, Du oder ich?

**Hohepriester:** Herr, das ist Verleumdung! Die Priesterschaft ist immer loyal gewesen!

**Salomo:** Gewesen! Du sagst es selbst. Jetzt wohl nicht mehr.

**Hohepriester:** Das ist alles nicht wahr! Die Priester sind nur dagegen, dass Ihr, Bewahrer des Glaubens, um einer fremden Königin zu gefallen in UNSEREM Tempel eine Statue einer fremden Göttin errichten wollt (zeigt mit dem Stock in Richtung Tempel).

**Salomo:** Es ist nicht EUER Tempel! Es ist nicht einmal Unser Tempel! Es ist der Tempel der für und im Namen Gottes errichtet wurde. Wie kannst Du behaupten es wäre eines Menschen Tempel?

**Hohepriester:** Und die anderen Tempel rund um Jerusalem herum? Ist das nicht Blasphemie genug? Warum ertragen wir diese fremden Götzen statt deren Anhänger für unseren Glauben zu gewinnen?

**Salomo:** Weil wir mit eben diesen Anhängern Handel treiben, Politik machen. Was würdest Du sagen, wenn Du in eine fremde Stadt kämest und man von Dir als erstes verlangen würde Deinem Glauben abzuschwören?

**Hohepriester:** Aber musstet Ihr dem Moloch, dem Kemosch, dem Milkom und den anderen Götzen eigene Tempel errichten? Wo bleibt da der Glaube an den einzigen und wahren Gott??

**Salomo:** Für Uns gibt es nur den einen Gott. Aber die einfachen Menschen brauchen etwas Sichtbares an das sie glauben können.

Der Hohepriester stößt wütend mit seinem Stock auf den Boden.

**Hohepriester:** Und Moses? Hat er nicht das goldene Kalb zerstört? Hat er nicht erkannt, dass wir keinen sichtbaren Gott brauchen, dass Gott überall ist? Ihr versündigt Euch und macht Euch des Götzendienstes schuldig.

**Salomo:** Ich bin der Herrscher und nur Gott selbst verantwortlich. Wie kannst Du es wagen mir Götzendienst vorzuwerfen?

Der Hohepriester stößt den Stock in die Luft und zeigt dann damit auf Salomo.

**Hohepriester:** Gott selbst wird Euch die Antwort geben.

Hohepriester ab.

# Die Dienerin

Saba und Amira allein im Zelt. Amira geht unruhig auf und ab.

**Saba:** Was läufst Du wie ein Löwe im Käfig hin und her? Was ist mit Dir?

**Amira:** Nichts, nichts.

**Saba:** Ich merke doch, Du hattest eine Vorahnung. Was hast Du gesehen? Droht Gefahr?

**Amira:** Droht hier nicht immer Gefahr? Auf Schritt und Tritt eifersüchtige Frauen, Schlangen und verrückte Hohepriester.

**Saba:** Sicher. Aber die Wachen wurden verstärkt. Salomo und ich haben alle erdenklichen Maßnahmen zu Unserer Sicherheit getroffen.

**Amira:** Es gibt immer Schlupflöcher und Angriffsmöglichkeiten. Niemand ist hier wirklich sicher. Wir hätten uns längst auf den Weg nach Marib machen sollen.

**Saba:** Wir brechen bald auf.

Was meinst Du, kommt er heute Abend oder kommt er nicht? Ich habe extra dieses Kostüm für Ihn angelegt.

**Amira:** Euer Salomo? Ich glaube nicht. Seine Priester haben ihn gewaltig unter Druck gesetzt wegen des Plans eine Statue von Almaqa im Tempel aufzustellen. Angeblich verstößt die Verehrung fremder Götter gegen die Gesetze ihres Gottes. Also wird er klug sein und Euch fürs Erste meiden.

**Saba:** Vielleicht kommt er doch.

**Amira** (zeigt auf Sabas Bauch)**:** Wann werdet Ihr es ihm sagen?

**Saba**: Was meinst Du? Ach so....... Wenn er kommt. Er muss es erfahren bevor wir diese Stadt verlassen. Aber legen wir uns nun schlafen.

Saba legt sich nieder und schläft sofort ein. Auch Amira legt sich, dreht sich aber mehrmals herum. Sie steht auf und geht unruhig auf und ab. Dann legt sie sich wieder.

Der Attentäter schleicht ins Zelt, beugt sich über Amira und stößt ihr das Schwert in den Bauch. Sie schreit laut und bäumt sich auf. Saba erwacht und richtet sich auf.

**Saba:** Amira!!! NEIN!

Der Attentäter zieht das Schwert heraus und stößt erneut zu. Amira bäumt sich erneut auf und stöhnt. Saba steht mitten im Zelt.

Der Attentäter zieht das Schwert heraus, springt über Amira und geht langsam auf Saba zu. Einen Moment stehen sie Auge in Auge, dann hebt er das blutige Schwert und setzt die Spitze Saba auf den nackten Bauch. Wieder sehen sich für einen langen Moment Auge in Auge an.

Der Attentäter weicht rückwärts zurück bis zur Zeltwand und verschwindet dann.

Saba stürzt zu Amira, kniet neben ihr nieder und bettet Amiras Oberkörper auf ihren Schoß. Amira hat die Augen geschlossen.

**Saba:** Amira! Amira!


Amira öffnet langsam die Augen und stöhnt.


**Saba** (weint): Du..., Du hast es vorausgesehen, warum hast Du mich nicht gewarnt!


**Amira** (leise, mühsam, immer wieder Pausen): Es hätte nichts geändert. Ich sah, dass ich sterben und Ihr überleben würdet.


**Saba:** Amira! Verlass mich nicht!


**Amira:** Ich werde immer bei Euch sein. Ihr seid die Tochter der Sonnengöttin, Ihr dürft nicht sterben, also sterbe ich für Euch.

**Saba:** Du darfst nicht! Almaqa, Mutter unseres Volkes, Sonne unseres Lebens, helft mir! Hilf Amira, Deiner treuen Dienerin! Sie muss leben!

**Amira**: Vor vielen Jahren habt Ihr mir, der Sklavin, die Freiheit geschenkt. Seit jener Zeit war ich wirklich frei, doch aus Dankbarkeit gab ich Euch nicht nur meine Kraft sondern auch meine Seele. Keinen Mann, kein Kind habe ich so geliebt wie Euch.

Amira richtet ihren Kopf auf, ihr ganzer Körper zuckt und streckt sich, ihre Hand krallt sich fest an Sabas Arm, dann fällt ihr Kopf und der Arm zurück und sie liegt ruhig, Augen starr nach oben.

Saba bäumt sich auf und stößt einen langen Schrei aus und bricht über Amiras Leib schluchzend zusammen.

# Menelik

Sabas Zelt. Saba kniet. Sie hält eine leere Schale mit beiden Händen.

**Saba** (schluchzt): Aaaaalmaqa, Aaaalmaaaqa, Almaaaaqa, Almaqaaaa, Almaaaqaaaa. Sonne unseres Lebens, Mutter unseres Volkes. Bitter sind meine Tränen in dieser Schale. Kein Wasser findet den Weg. Kälte durchzieht mich. Amira ist nicht mehr und alles ist sinnlos und ohne Kraft geworden. Hast Du hier keine Macht? Ist alles diesem furchtbaren unsichtbaren Gott unterworfen?

Salomo eilt herbei.

**Salomo:** Saba! Saba!

Salomo reißt Saba hoch in seine Arme. Die Schale fällt auf den Boden.

**Salomo:** Dem Herrn sei dank! Du lebst! Der Herr hat Dein Leben beschützt!

**Saba** (bitter)**:** Der Herr! Der Herr! Nein, meine Göttin Almaqa hat mich beschützt vor dem Mörder den die Priester Deines Herrn geschickt haben. Amira, meine treueste Dienerin und Beraterin jedoch ist tot!

**Salomo:** Unsinn! Die Priester des wahren und einzigen Gottes schicken keine Mörder aus. Du hättest in meinem Palast wohnen sollen, nur hier draußen in der Wüste kann so etwas geschehen. Räuber und Mörder gibt es hier genug. Nur eine Stadt und ein Palast bieten genug Schutz.

**Saba:** Nein, Salomo. Die Mauern Deiner Stadt und Deines Palastes sind die eines Grabes. Kaum ein Sonnenstrahl dringt hinein. Mein Palast in Marib ist hell und luftig gebaut. Dort sieht mich Almaqa wo immer ich auch bin. Und dorthin werde ich auch jetzt wieder zurückkehren!

**Salomo:** Königin meines Herzens! Du kannst mich nicht verlassen! Ist alle Liebe erloschen? Hast Du alles vergessen?

**Saba:** Ich werde Dich immer lieben Salomo, so wie ich dich schon immer geliebt habe, das weiß ich jetzt. Aber mein Sohn Menelik, UNSER Sohn Menelik muss leben. Und er wird leben und herrschen in meinem Reich, beschützt von Almaqa.

**Salomo** (erstaunt)**:** Unser....! Unser Sohn?

Salomo tritt hinter Saba und legt beide Hände auf ihren Bauch.

**Saba** (flüstert)**:** Ja, unser Sohn Menelik. Der zukünftige Herrscher im Reich von Saba.

**Salomo:** Mein Sohn! Er muss HIER herrschen nach mir!


**Saba:** Sieh es doch ein. Unser Sohn wäre seines Lebens hier nie sicher. Zweimal hat man versucht mich umzubringen. Nein, sein Platz ist in Marib.


**Salomo:** Saba, verlass mich nicht!


**Saba:** Ich werde immer bei Dir sein, wo immer Du auch bist!


Saba rennt hinaus.

# Monolog des Salomo

Im Palast. Salomo allein, hält Sabas Schale in der Hand.

**Salomo:** Menelik, Menelik, nie werde ich Dich sehen, Dich meinen Sohn. Bin ich nicht der unglücklichste König der je gelebt hat? Wer soll herrschen nach mir?

*Hebt die Schale hoch.*

**Salomo:** Alles was mir von der Frau, die ich über alles liebe, geblieben ist, ist eine leere Schale.

Was mir blieb ist ein tausendköpfiger Harem voller Frauen, die ich nicht liebe, ein Königreich, dessen König zu sein ich leid bin.

**Salomo:** Ich bin König Salomo. Sohn Davids. Führer der zwölf Stämme. Herrscher der Welt. Erbauer des Tempels im Namen Gottes. Bewahrer des Glaubens.

Könige ohne Zahl fielen vor mir auf die Knie und baten meine Füße küssen zu dürfen. Ganze Reiche habe ich unterjocht oder tributpflichtig gemacht. Vor mir und nach mir wird kein Reich der Juden mächtiger und größer sein.

Doch alles zerrinnt mir wie Staub zwischen den Fingern.

*Salomo dreht sich um sich selbst.*

**Salomo** (schreit)**:** Ahaaaaaa! Alles geht zugrunde! Der von Babylon eilt heran und zerstört wird alles. Tempel und Stadt. Stadt und Tempel. Mein Werk! Das Werk meiner Väter und Vorväter versinkt im Sand. Erez Israel ist nicht mehr! Gott wendet sein Gesicht von uns!

Salomo kniet am Boden.

**Salomo** (flüstert)**:** Und ich. Wo bleibe ich? Wo bleibt mein Wunsch nach Glück und Liebe?

Salomo erhebt sich. Blickt wild um sich. Wirft die Schale in eine Ecke.

**Salomo** (rennt hinaus, schreiend)**:** SABA! SABA! SABA!

# Der Weg der Steine

## Personen:

Rahel (Tochter des Gemeindevorstehers)

Abraham (Rabbiner)

Karl (Arbeiter)

Schmied

Simeon (Schreiber)

Shmuel (Gemeindevorsteher)

Nathan (Arzt)

Christian (Baumeister)

Sefarde

Frau

# Feuer!

Vor der Synagoge in Speyer. Das Gebäude brennt lichterloh. Man hört das Brausen der Flammen.

**Frau** (schreit)**:** Unsere schöne Synagoge! Männer, tut doch was, sonst verbrennt sie uns ganz und gar! Shmuel; Du bist unser Gemeindevorsteher, tue doch was!

**Shmuel:**Sei still Frau, das sehen wir doch alle! Geh lieber zu den anderen Wasser holen! Herr im Himmel! Warum bei uns in Speyer? Haben wir nicht schon genug durch die Kreuzfahrer gelitten? Waren wir es nicht, die die jüdische Gelehrsamkeit hierher gebracht haben? Und nun verbrennen auch noch all unsere Bücher!

Frau rennt weg. Simeon eilt herbei.

**Simeon:**Wo ist Abraham, unser Rabbi?!

**Shmuel:**Der ist noch da drin! Wahnsinn! Er will die Torah und die Bücher retten.

**Simeon:**In diesem Feuersturm?? Das kann er nicht überleben, ich muss da rein und ihn rausholen!

**Shmuel** (packt Simeon am Arm) : Simeon, Du bleibst hier, hilf mir die Leute mit den Wassereimern einteilen, dem Rabbi kann keiner mehr helfen! Wenn Du unser Schreiber auch noch in den Flammen umkommst, was dann? Gleich stürzt auch noch das Dach ein. Und der Funkenflug wird die halbe Stadt in Flammen setzen, wenn wir dem Feuer nicht Einhalt gebieten.

Der Schmied kommt gerannt.

**Schmied** (schlägt die Hände über dem Kopf zusammen) : Shmuel, wie ist denn das passiert? Hier brennt gleich alles ab!

**Shmuel** :Wir wissen es nicht, Schmied! Anstatt hier rumzudebattieren, solltest Du vielleicht löschen helfen!

**Schmied** :Ich habe meine Gesellen und meine Frau schon mit großen Eimern zum Brunnen geschickt, gleich kommen sie um die Ecke. Aber hier ist nicht mehr viel zu retten. Retten wir erstmal unsere Straße, dass kein weiteres Haus in Flammen aufgeht. Sonst bist Du bald ein Gemeindevorsteher ohne Gemeinde, Shmuel!

Der Schmied rennt weg.

Die Frau kommt mit einem Eimer Wasser zurück und reicht ihn an Simeon weiter. Der schüttet ihn über die Mauer. Frau ab.

Rabbiner Abraham kommt rußgeschwärzt - mit der Torah im Arm -
hustend und spuckend aus den Trümmern.

Simeon nimmt dem Rabbiner die Torah ab und hilft ihm sich zu setzen.


**Simeon :**Rabbi, wenigstens die Torah habt ihr retten können!
Und Euch!


**Abraham :**Die anderen Bücher! Meine Pessach Haggadah,
der Talmud meines Vaters, all die anderen unersetzlichen
Werke!


Der Rabbi richtet sich halb auf.


**Abraham :**Ich muss nochmal in die Synagoge und die Bücher
holen!


Simeon zieht den Rabbi wieder zu Boden.


**Simeon :**Da lass ich Euch nicht mehr rein! Das wäre Euer
sicherer Tod!


**Shmuel:**Ist schon ein wahres Wunder, dass er es überhaupt
noch nach draußen geschafft hat. Rabbi, Ihr solltet es am
Besten wissen: Man soll Gott nicht versuchen.


Ein lautes Krachen ertönt.

**Simeon :**Das Dach stürzt ein! Schafft mehr Wasser herbei sonst wird noch alles verbrennen!

Der Rabbi bricht schluchzend zusammen. Simeon und Shmuel sinken in die Knie und bedecken das Gesicht gegen den Funkenflug.

# Diskussionen

Im Haus der Gemeinde. Shmuel, der Vorsteher und Abraham der Rabbiner sitzen zusammen. Simeon, der Schreiber kommt hinzu.

**Shmuel:** Was nun?

**Abraham:** Die Synagoge zerstört, nur noch ein Haufen schwarzer Steine. Alle unsere Bücher, das Zentrum unserer Gelehrsamkeit verbrannt. Nur die Torah ist übrig.

**Simeon:** Wenigsten konnten die anderen Häuser gerettet werden. Übrigens dank tatkräftiger Mithilfe der Goim, also der Nichtjuden.

**Abraham:** Na, sonst wäre dem Schmied sein Haus auch verglüht in diesem Höllenfeuer. Die Goim kümmern sich nur um unsere Angelegenheiten, wenn sie auch zu ihren Angelegenheiten werden.

**Shmuel:** Sei wie es sei. Ich frage nochmal: Was nun? Wie soll es weitergehen? Wieder zurück zu den heimlichen Zusammenkünften in den Wohnungen, wie bei unseren Vorvätern, oder können wir eine neue Synagoge bauen?

**Simeon:** Ich denke, wir haben keine Alternative. Wir müssen eine neuen Synagoge errichten, sonst verlieren wir unseren Status als wichtiges Zentrum des europäischen Judentums. Unsere Gemeinde würde schwächer und schwächer, die Leute würden in andere Städte abwandern und es gäbe keine Zukunft in dieser Stadt für uns und unsere Leute.

**Abraham:** So ein Synagogenneubau muss aber auch finanziert werden. Schreiber, Du bist noch jung und unerfahren. Kannst Du Dir vorstellen, was so was kostet?

**Shmuel:** Wir sollten es halten wie unsere Vorväter. Die, die etwas geben können, geben soviel sie eben geben können. Wir haben eine ganze Menge sehr wohlhabender Händler unter den Mitgliedern der Gemeinde.

**Abraham:** Das wird teuer! Schließlich können wir nicht selber bauen, sondern müssen die Goim dafür bezahlen, dass sie für uns die Synagoge bauen. Und das Material müssen wir auch von den Nichtjuden kaufen.

**Simeon:** Ich habe mir die Reste der alten Synagoge genau angesehen. Da gibt es eine Menge Steine, die sich gut und gerne noch verwenden lassen. Sie sind zwar teilweise etwas schwarz, aber an der richtigen Stelle verbaut sieht man es nicht.

**Shmuel:** Woher kamen die Baumeister der alten Synagoge? Wer hat die angeworben?

**Abraham:**Das weißt Du nicht? Shmuel, frag mal Deinen Freund, den Bischof.

**Shmuel:**Wie bitte??

**Abraham:**Ruf Dir den Stil der alten Synagoge in Erinnerung. Oder schau Dir unsere Mikwe das Ritualbad an. Also, wer hat das gebaut?

**Shmuel:**Die Dombauhütte?? Die Baumeister vom Dom?

**Abraham:**Sie waren es. Wende Dich an den Bischof, vielleicht erinnert er sich an die Hilfe seines Vorgängers und gewährt auch uns seine Unterstützung. Wir brauchen die Baumeister vom Dom und wir brauchen vor allem die alten Pläne!

**Shmuel:**Und wir brauchen jemand der ständig auf dem Bau unsere Interessen vertritt. Der darauf achtet, dass all unsere Gesetze eingehalten werden.

**Simeon:**Überlasst das mir.

**Abraham:**Das geht nicht! Du musst Dich um die Bücher kümmern. Wir brauchen neue Abschriften.

**Shmuel:**Das dauert viele Monate, vermutlich Jahre, bis wir alle Bücher wieder als Abschriften haben.    Erst müssen die Vorlagen beschafft werden und das wird schon lange dauern. Nein, soll Simeon für uns die Arbeiten überwachen.


**Abraham:**So sei es!  Beten wir, dass es zügig vorangeht und wir bald einen neuen Tempel haben werden.

# Der Dombaumeister

Im Haus der Gemeinde. Shmuel, sitzt am Tisch. Simeon und Christian, der Dombaumeister, kommen hinzu,

**Shmuel:**Nun, Dombaumeister Christian, ließen sich die alten Pläne finden?

**Christian:**Aber selbstverständlich Herr Gemeindevorsteher! Das Archiv der Dombauhütte vergisst nichts. Keinen Plan und keine Arbeit. Hier!

Christian breitet mehrere Pergamente auf dem Tisch aus.

**Christian:**Mehr als hundert Jahre alt. Aber jedes Detail noch genau zu erkennen.

**Simeon:**Die Frage ist: Wollen wir eine exakte Kopie der alten Synagoge oder vorsichtige Modifikationen des alten Plans? Einen völlig neuen Plan können wir uns nämlich nicht leisten, Meister Christian.

**Shmuel:**Ausgerechnet jetzt musste unser Rabbiner unbedingt nach Worms, um Bücher zu besorgen. Ich hätte mir gewünscht, dass er heute hier mit am Tisch sitzt.

**Simeon:**Halten wir uns an den alten Plan, so können wir nichts falsch machen.

Christian und der Gemeindevorsteher beugen sich über den Plan. Rahel tritt ein und bringt etwas zu essen und einen Krug mit Wein.

**Shmuel** (blickt kurz auf): Ah, Rahel, mein Kind. Danke! Meine Herren, greift zu. Lasst es Euch schmecken.

Simeon starrt Rahel total verwundert an. Rahel streift ihn mit einem Blick und senkt den Kopf.

Rahel ab.

**Shmuel:** Simeon, wo hast Du denn Deine Augen! Komm, der Plan duldet keinen Aufschub.

**Christian:**D.h. der Frauenbetraum soll wieder als separates Gebäude mit  einem Durchbruch zur Männersynagoge realisiert werden.  So habe ich das zumindest im alten Plan gelesen.

**Shmuel:**Auf jeden Fall! Männer und Frauen beten in der Synagoge getrennt.  Die Frauen müssen aber die Möglichkeit haben die Bima - also das Podium, auf dem die Torah gelesen wird - und die Nische mit dem Torah-Schrein einzusehen.

**Simeon:**Könnten wir nicht die Fenster größer machen? So manches Mal haben mich die unserer alten Synagoge an Schießscharten einer Burg und nicht an Fenster eines Gotteshauses erinnert.

**Shmuel:**Das sollte kein Problem sein. Wird uns natürlich mehr Geld kosten - Glas ist teuer - aber auch mich hat es schon oft gestört, dass selbst an den hellsten Sonnentagen das Innere unserer Synagoge im Dämmerlicht versank.

Gibt es technische Probleme, die Fenster größer zu machen, Baumeister?

**Christian:**Überhaupt kein Problem. Ich möchte vorschlagen, dass wir den Plan nehmen und unser Gespräch am Platz der alten und neuen Synagoge fortsetzen.

**Shmuel:**Simeon, wie war das noch gleich mit den alten Steinen?

**Simeon:**Ja, wir möchten die Steine der alten Synagoge, die den Brand unbeschädigt oder nur leicht angeschwärzt überstanden haben, für den Neubau verwenden.

**Christian:**Darüber lässt sich reden. Gehen wir!

**Shmuel:**Einverstanden.

Christian rollt die Pläne ein. Alle drei ab.

# Ans Werk!

Am Platz der alten und neuen Synagoge. Simeon wartet auf die Arbeiter der Dombauhütte.

**Simeon:**Und so warten wir unser halbes Leben lang, dass etwas passiert. Doch da kommen sie.

Christian und Karl kommen herbei.

**Karl:**Für die Juden schuften? Jetzt schickt uns der Bischof selbst zum Juden! Sollen die doch ihren Tempel selbst bauen. Was haben wir damit zu schaffen, Christian?

**Christian:**Karl, Du weißt doch genau, dass Juden keine Berufe ausüben dürfen, die den Christen vorbehalten sind. Zunftordnung! Ohne die Zunftordnung gäbe es hier gar keine Ordnung.

**Karl** (zeigt auf Simeon) : Und wer ist das da?

**Christian:**Das ist Simeon, der Bevollmächtigte der Jüdischen Gemeinde. Also unser Bauherr.

**Karl** (missmutig) : Nun gut. Guten Tag, der Herr!

**Christian** (zu Simeon)**:** Die anderen Arbeiter kommen gleich. Der Bischof hat zehn Männer der Dombauhütte für diese neue Aufgabe abgestellt.

**Simeon:** Nur zehn? Uns waren doch 20 versprochen worden!

**Karl** (schlecht gelaunt) **:** Ihr könnt froh sein, dass überhaupt welche kommen. Nicht jeder arbeitet für Brunnenvergifter und Christuskreuziger.

**Christian:** Halt Dich zurück, Karl! Deine persönlichen Ansichten haben hier nichts verloren. Hier geht es um ehrliche Arbeit für die wir gut bezahlt werden.

**Simeon:** Diese alten Vorurteile sind wohl nicht auszurotten.

**Christian:** Leider. Nicht jeder ist so weise wie unser Bischof. Zumal es für viele auch für Dich Karl zur Zeit keine Arbeit am Dom gibt. Du solltest unseren neuen Auftraggebern also dankbar sein für diese Arbeit.

**Karl :** Den Dank schulde ich dem Bischof, das ist der, der mir Arbeit gibt.

**Simeon** (zeigt zur Seite)**:** Lassen wir das. Da kommen die anderen Arbeiter, ans Werk. Die Steine der Ruine müssen zuerst sortiert werden. Welche sind brauchbar, welche nicht?

**Karl** (murmelt) **:** Wenns nur eine Ruine bliebe...................

Alle drei ab.

# Der Unfall

Am Bau. Karl arbeitet an einer Wand. Christian inspiziert an anderer Stelle den Bau. Simeon sieht die Pläne durch.

**Karl** (wischt sich den Schweiß von der Stirn): Fast fertig.

**Karl** (ruft): Christian, wo bleibt eigentlich die Abstützung für diese Wand?

**Christian** (ruft): Ja gleich, Karl. Ich habe schon Hans und Heinrich wegen dem Holz losgeschickt.

**Karl** (murmelt): Nicht dass uns das ganze Gebäude wie ein Kartenhaus zusammenstürzt...

Karl dreht sich um. Die Wand fällt auf ihn. Karl schreit auf, sein Bein ist eingeklemmt.
Simeon und Christian eilen herbei.

**Simeon** (ruft): Auf, Christian, erst die Steine weg, dann kommen wir an ihn heran!

Simeon und Christian stemmen die Wand von Karl weg. Sie fällt auf die andere Seite.

**Karl** (stöhnt):  Mein Bein! Verflucht, mein Bein ist gebrochen!


**Simeon:** Ich hole unseren Arzt Nathan, er wohnt hier um die Ecke.


**Karl** (packt Simeon am Arm):  Ich will einen christlichen Arzt und keinen jüdischen Quacksalber!


**Christian:** Mach Dich nicht lächerlich, Karl.  Die jüdischen Ärzte sind die besten im ganzen Reich.  Sogar der Kaiser selbst hat welche an seinem Hof.  Unsere ach so christlichen Ärzte nehmen Dir schneller das Bein ab, als Du gucken kannst.


Simeon rennt los.


**Karl** (stöhnt):  Verflixt und zugenäht! Wenn ich nur hinterher wieder laufen kann!


Simeon kommt mit Nathan zurück.


**Nathan:** Ein Beinbruch auf dem Bau?  Das ist schneller gerichtet als die Wand wieder steht.


Nathan tastet Karls rechtes Bein ab.  Karl schreit auf.

**Nathan** (lacht)**:** Und so was will ein starker Germane sein? Beiß' er mal die Zähne zusammen, wenn ich sein Bein wieder einrichte.

Simeon, Du drückst seine Hüfte und seine Schultern nieder und ihr da haltet sein Füße fest.

Christian drückt Karls Füße auf den Boden, Simeon die Hüfte und die Schultern. Er macht sich am Unterschenkel zu schaffen. Karl schreit auf, das Schreien geht in Stöhnen über.

**Nathan:**So, ein glatter Bruch, glatt eingerichtet. Bringt mir mal zwei Holzleisten!

Christian holt zwei Leisten. Nathan legt die Leisten links und rechts vom Unterschenkel an und verbindet das Bein.

**Nathan:**Zwei Wochen Bettruhe und dann sehen wir weiter.

**Karl:**Doktor, werde ich wieder laufen können?

**Nathan:**Aber selbstverständlich. Nur die nächsten zwei Wochen nicht und dann auch erst wieder, wenn ich es Dir erlaubt habe. Später wirst Du wieder springen und den Mädchen hinterherrennen können, wie früher.

**Karl:**Und was bin ich Euch schuldig?

**Nathan:**Nichts. Auch ich möchte einen Beitrag zum Bau der neuen Synagoge leisten. Und das eben nicht nur mit Geld.

**Nathan:**Simeon, Christian, bringt ihn jetzt nach Hause und seht zu dass er sein Bein nicht belastet.

Simeon und Christian stützen Karl. Alle ab.

# Simeon und Rahel

Am Bauplatz. Abend. Simeon sitzt auf einer niedrigen Mauer, Pläne in der Hand.

**Simeon:** Was ist bloß mit mir los? Kaum kann ich mich auf den Plan, auf meine Aufgabe konzentrieren! Wandern, wandern. Meine Gedanken wandern, wohin auch immer. Und am Ende eines jeden Gedanken steht SIE!

Nervös wirft Simeon die Pläne zurück auf den Tisch.

**Simeon:** Seit ich sie im Haus ihres Vaters gesehen habe ist alles so anders geworden. Und wie sie mich dort angeschaut hat! Als wollte sie...... Ja, was wollte sie überhaupt? Was versuche ich da in einem flüchtigen Blick zu lesen? Hinein zu deuten, was vielleicht gar nicht da war?? Aber ich HABE da etwas gesehen, in ihrem Blick. Nur, was war das? Ich werde noch völlig meschugge, bin es vielleicht schon und das alles wegen EINES Augenblicks.

Langsam, fast schüchtern nähert sich Rahel.

**Rahel:** Guten Abend Simeon!

Simeon springt erschrocken auf.

**Simeon:**Schönen Abend, Rahel! Was führt Dich hierher?


**Rahel:**Oh! Ich ging nur ein wenig spazieren und da sah ich Dich auf der Mauer sitzen. Darf ich mich zu Dir setzen?


**Simeon** (etwas verwirrt)**:** Setzen? Äh, Ja... Aber sicher!

Beide setzen sich dicht nebeneinander und schweigen. Ein Moment der Verlegenheit.


**Simeon:**Wie kommt es, dass ich Dich früher nicht bemerkt habe? Mir scheint, dass ich Dich zum erstmal im Haus Deines Vaters beim Gespräch mit dem Dombaumeister Christian gesehen habe.


**Rahel:**Ich lebte längere Zeit bei unseren Verwandten in Worms. Mein Vater sagte mir, dass Du und Deine Familie noch nicht so lang in Speyer wohnen.


**Simeon:**Das ist richtig. Wir kamen von Mainz. Mein Vater war dort Schreiber, aber er ist schon alt und die Mainzer haben sich einen neuen Schreiber gesucht. Hier in Speyer war der letzte Schreiber der Gemeinde gerade gestorben, so bekam ich den Posten.

**Rahel** (lacht)**:** Ein Bücherwurm!

**Simeon** (lacht ebenfalls)**:** Ja, aber einer, der die Bücher auch schreibt und nicht nur liest.

Simeon legt eine Hand langsam auf die Mauer zwischen sich und Rahel und schaut sie direkt an.

Vorsichtig legt Rahel ihre Hand auf Simeons Hand. Verschränkt die Finger mit seinen und schaut ihn an.

**Rahel** (reißt sich los und steht auf)**:** Ich muss zurück! Muss meiner Mutter helfen das Abendessen vorzubereiten.

Rahel steht noch einen Moment und schaut Simeon an, die Hände hinter dem Rücken und läuft dann weg.

**Simeon** (erstaunt, streckt die Hand nach ihr aus)**:** Aber warum? Weg, schon ist sie weg, wie ein scheues Reh!

**Simeon** (einen Moment wartend, schüttelt den Kopf)**:** Und so steh ich hier allein mit meinen Gedanken und weiß nicht einmal was SIE gespürt hat, was SIE nun fühlt, was der Morgen UNS bringen wird......

Simeon ab.

# Rahels Vision

Abend auf dem Bauplatz. Karl und Christian essen.

**Karl:**Hartes Stück Arbeit war das heute. Bin total geschafft!

**Christian:**Und bald ist es geschafft! Das Dach noch und schon können wir mit dem Innenausbau beginnen.

**Karl** (zeigt über die Schulter nach hinten oben) **:** Simeon nimmt es aber mal wieder ganz genau. Jeden Tag auf der Baustelle und jetzt steht er wieder auf dem wackligen Gerüst und prüft die Dachkonstruktion.

**Christian** (lacht) **:** Und da kommt Rahel und möchte bestimmt zu ihm.

Rahel kommt hinzu.

**Rahel :** Guten Abend Christian, Hallo Karl, habt ihr Simeon gesehen?

**Karl** (zeigt wieder über die Schulter nach hinten oben) **:** Dein Simeon steht auf dem Gerüst. Setz Dich zu uns, Rahel und warte bis er herunterkommt. Dauert bestimmt nicht mehr lange.

**Rahel :** Nein, nein, ich geh gleich zu ihm.


**Christian** (wiegt den Kopf): Da rauf? Besser nicht. Das Gerüst ist nicht gerade ein Meisterwerk an Standfestigkeit und einige Bretter sind ganz schön morsch. Da kann man sich schnell den Hals brechen, wenn man nicht aufpasst.


**Rahel** (lacht) **:** Na, aber zwei so gut genährte Burschen wie ihr hat es doch auch ausgehalten! Ich passe schon auf.


Rahel läuft nach hinten.


**Christian** (schüttelt den Kopf) **:** Unsere zwei Turteltäubchen....


**Karl** (ruft nach hinten) **:** Heeee, Simeon, Besuch für Dich!


**Christian :** Was meinst Du? Werden sie bald heiraten?


**Karl** (grinst) **:** Wenn es Simeon nicht tut, würde ich sie gerne heiraten. Sie hat ja uns allen schon ein wenig den Kopf verdreht.


**Christian :** Du und Rahel?? Und was ist mit Deiner Marie?

**Karl** : War ja nur ein Scherz. Ich würde wohl höllischen Ärger mit unserem Herrn Bischof bekommen, wenn ich mit Rahel ankäme.

Ein Krachen und Bersten von Holz ertönt. Ein langer Schrei von Rahel.
Karl und Christian springen auf.

**Christian** (schreit) : Rahel!

Vom Gerüst kommt ein Schrei von Simeon.

Beide Männer rennen nach hinten und tragen die schwer verletzte Rahel nach vorne.

Rahel hat die Augen geschlossen. Überall Dreck und Blut im Gesicht.

**Christian** : Vorsichtig! Ganz vorsichtig.

Simeon kommt gerannt, kniet neben Rahel und nimmt ihre Hand.

**Simeon** : Rahel! Warum bist Du nur auf das Gerüst geklettert?! Warum holt niemand den Arzt?!

Karl rennt davon.

**Christian** : Durch den morschen Gerüstboden ganz oben durchgebrochen. Sie ist schwer verletzt, Simeon!

**Simeon** : Rahel! Hörst Du mich! Bitte, bitte wach auf!

Simeon wischt Rahels Gesicht sauber. Sie schlägt die Augen auf.

**Rahel** (schwach, leise) : Simeon, Simeon, ich habe es gesehen!

**Simeon** (drängend) : Was? Was hast Du gesehen?

**Rahel:** Die Synagoge! Die neue Synagoge in ihrer ganzen Pracht! Größer und mächtiger als zuvor! Ein neues Jerusalem!

**Simeon:** Bitte sprich nicht! Nathan, unser Arzt kommt sofort. Du musst Dich ausruhen.

**Rahel** : Das neue Haus Gottes! Schau! Durch die Fenster fällt warmes Licht hinaus in die Nacht und ich höre den Gesang der Gemeinde, schön wie der Chor der Engel! Und der Himmel, Simeon! Der Himmel! Er ist voller Sterne und nun fallen sie alle herab auf UNSER Haus und zaubern ein weißes glitzerndes Dach, das weit in die Nacht leuchtet wie ein einziger großer Stern!

**Simeon** (schluchzt) : Rahel! Rahel! Bleib bei mir!

**Rahel** (ganz leise)**:** Simeon...

**Rahel** (packt Simeons Hand fest, zieht sich etwas an ihm hoch) :
Simeon, ich li...........

Rahel bricht zusammen und lässt Simeons Hand los.


**Simeon** (leise): Rahel...


**Simeon** (schreit): Rahel!


Nathan, der Arzt kommt und schiebt Simeon beiseite. Er fühlt Rahel den
Puls und legt seinen Kopf auf ihre Brust. Dann erhebt er sich langsam
schüttelt den Kopf und umarmt Simeon. Karl kommt und steht mit
hängendem Kopf. Christian wendet sich ab und schlägt die Hände vor das
Gesicht.


**Nathan**: Rahel ist von uns gegangen, Simeon. Unsere
Stimmen erreichen sie nicht mehr.


Karl bricht in die Knie und beginnt zu weinen. Simeon reißt sich los, wirft
die Arme nach oben, den Kopf nach hinten.


**Simeon** (schreit): Rahel! Rahel! Rahel, lass mich nicht allein!


Simeon bricht schluchzend zusammen.

# Krise

Auf dem Bauplatz. Karl und Christian sitzen traurig herum.

**Karl:**Was nun, Christian? Aller Arbeitseifer ist mir vergangen. Jeden Tag wenn ich diese Baustelle sehe, kommt die Erinnerung zurück an SIE.

**Christian:**Ja, die Erinnerung, wie sie uns geneckt hat. Ihre Späße und ihre Lieder.

**Karl:**Ihr Lachen und die leisen Töne. Hätte nie gedacht, dass ich mal um ein Judenmädchen trauern würde.

**Christian** (schluckt): Und dann der Unfall. Was haben wir nur falsch gemacht, verdammt nochmal?

**Karl** (schlägt die Hände vor das Gesicht): Ich kann nicht mehr! Das war doch für uns Bauleute eine sichere Sache, das Gerüst! Nur nicht für so ein Fliegengewicht wie Rahel!

**Christian** (flüstert): Hör auf zu jammern, da kommt Simeon, für den ist es noch viel schlimmer!

Simeon schleicht müde herbei. Kopf gesenkt. Karl steht auf und umarmt ihn.

**Karl:**Simeon, wie soll es weitergehen? Alle hängen hier mutlos herum und keiner mag arbeiten.

Simeon richtet sich hoch auf und schaut über die Baustelle.

**Simeon:** So sehr Rahel uns allen fehlt, wir müssen weitermachen!

**Christian:**Einfach so, als wäre nichts geschehen?

**Simeon:** Nein, ganz im Gegenteil. Wir müssen weitermachen um Rahels Vision zu erfüllen. Um das zu vollenden, was unser aller Aufgabe ist und was notwendig ist.

**Karl:**Das was geschehen ist, können wir nicht rückgängig machen.

**Simeon:** Aber mit der Erinnerung an sie, können wir es schaffen. Besser und schneller als zuvor.

**Christian:**Weil Rahel noch immer unsere Inspiration, unser Antrieb, die Seele unseres Schaffens ist!

**Simeon:** Weil ihre Seele bei uns ist!

Alle schlagen ein und gehen zurück an ihre Arbeit.

# Der Sefarde

Im Haus der Gemeinde. Shmuel, der Vorsteher und Abraham, der Rabbiner sitzen zusammen.

**Abraham:** Wo bleibt er nur?

**Shmuel:** Nur keine Eile. Alles ist fertig. Ein Wunder! Eine neue Synagoge in dieser kurzen Zeit. Da wird es auf ein paar Stunden für die notwendigen Kleinigkeiten nicht mehr ankommen. Nicht, nachdem, was diese Arbeiter und unser Schreiber da draußen geleistet haben.

**Abraham:** Aber ohne Öl und Myrrhe geht es nun mal nicht. Unser Lichterfest Chanukkha ohne koscheres Öl? Undenkbar!

**Shmuel:** Vieles was heute noch undenkbar erscheint, kann morgen schon Tatsache sein. Aber wir bekommen ja unser Öl.

**Abraham:** Von einem halben Araber! Wenn wir nur nicht auf diese reisenden Halunken angewiesen wären.

**Shmuel:** Halber Araber? Vorsicht, lieber Rabbi! Schließlich handelt es sich um einen echten Juden. Auch wenn er aus Spanien kommt. Und ohne diese Glaubensbrüder wären wir wirklich arm dran.

**Abraham:**Schon richtig. Manche sind ja sogar in Jerusalem gewesen. Ich kann es mir immer noch nicht vorstellen, dass auf unserem heiligen Tempelberg Tempel der Ungläubigen stehen! Ich muss den Spanier gleich mal fragen, ob er dort war.

**Shmuel:**Da kommt er schon.

**Abraham:**Endlich!

Der Sefarde kommt herein und verbeugt sich.

**Sefarde:**Guten Tag die Herren, mein Name ist Awram Ben Isaak. Weit gereist durch ferne Lande.

**Abraham:**Ich bin Abraham, der Rabbiner der Gemeinde und das ist Shmuel, unser Gemeindevorsteher.

**Sefarde:**Ich bin auf dem Weg nach Worms. Geschäfte, Ihr versteht..... Womit kann ich Euch dienen?

**Shmuel:**Wir brauchen koscheres Öl für Chanukkha. Man sagte mir, dass Du welches feilbietest. Außerdem brauchen wir Myrrhe für das Schabbatende und Weihrauch wäre auch nicht schlecht.

**Sefarde:**Jaaaa, koscheres Öl....... Das Lichterfest steht vor der Tür und alle brauchen Öl. Zumindest die Juden. Aber auch so manche Goim verwenden Myrrhe und besonders Weihrauch als Räucherwerk. Und zahlen gute Preise.

**Abraham:**Was sind gute Preise und welchen besseren Preis würdest Du uns, Deinen Brüdern im Glauben machen?

**Sefarde:**Hmmm, das kommt darauf an. Wollt ihr Öl für die ganze Woche haben, so kann ich euch einen guten Preis machen. Öl für einen Tag wäre aber wohl nicht so ganz dem Lichterfest Chanukkha angemessen. Schließlich dauert das eine ganze Woche.

**Shmuel:**Nun sag schon Deinen Preis für das Öl und die Myrrhe für eine ganze Woche, sonst sitzen wir an Pessach noch hier.

**Sefarde:**Jaaaa, nun..... Von den Nichtjuden, den Goim, nehme ich natürlich mehr. Aber die Nachfrage ist hoch und das treibt den Preis. Ich würde Euch beides zu 25 Mark verkaufen.

**Abraham:**Fünfundzwanzig Mark! Das ist doch Wucher! Ich mag mir gar nicht vorstellen, was ich für 25 Mark alles kaufen könnte! So haben wir nicht gewettet, Awram!

**Shmuel:** Rabbi, beruhige Dich! Ich bin mir sicher, Spanier, dass Du uns einen fairen Preis machen wirst, schließlich weihen wir unsere neue Synagoge ein, und so was passiert in diesen christlichen Landen nicht alle Tage.

**Sefarde:** Geschäft ist Geschäft und von einer neuen Synagoge kann ich mir nichts kaufen. Nennt mir doch einfach Euren Preis und wir werden uns schon handelseinig.

**Shmuel:** Also, ich halte 10 Mark für angemessen, da wirst Du mir sicherlich zustimmen.

Der Rabbiner verschluckt sich.

**Sefarde:** ZEHN?? Zeeehn Mark? Was meint Ihr was diese Reise von Spanien hierher gekostet hat? Und unterwegs bin ich zweimal von Räubern überfallen worden und musste mich frei kaufen! Eine so reiche Gemeinde kann doch bestimmt 22 Mark für Öl und Myrrhe erübrigen.

Der Rabbiner ringt die Hände.

**Shmuel:** Ich biete Dir 15 Mark, und wir werden nicht mehr über einen anderen Preis reden.

Shmuel streckt die Hand vor. Der Rabbiner verdreht die Augen.


Der Sefarde schlägt ein.


**Sefarde:**So sei es. Ich hole das Öl und die anderen Sachen und Ihr haltet die 15 Mark bereit.   Mit Leuten wie Euch ist es eine Freude Geschäfte zu machen.


Alle ab.

# Der lange Weg

Vor der Synagoge. Nacht. Simeon und Karl kommen aus der Synagoge.

**Karl:** So hat also nun doch alles zu einem glücklichen Ende gefunden. Die neue Synagoge ist prächtiger als zuvor. Simeon, wir haben aus den verbrannten Steinen etwas wahrhaft Neues errichtet.

**Simeon:** Nicht für alle ist es ein glückliches Ende. Wäre nur Rahel bei uns und könnte mit uns feiern.

**Karl:** Manchmal bist Du schon ein arger Kleingeist, Simeon. Sieh Dich doch um! Rahels Vision ist Wirklichkeit geworden! Das ist Rahel selbst! Sie stand uns bei, hat uns vorangetrieben und gerade nach ihrem Tod haben wir doch alle doppelt und dreifach so hart gearbeitet um all das Wirklichkeit werden zu lassen! Rahel ist ganz direkt in unserer Mitte.

**Simeon** (umarmt Karl)**:** Dank Dir für Deinen Trost, Karl. Du hast ja so recht.

**Karl** (legt eine Hand auf Simeons Arm)**:** Es war eine gewaltige Aufgabe, und ich durfte dabei sein. Und dass ich als Christ an diesem jüdischen Lichterfest wie heißt es noch gleich? Chanukkha? - teilnehmen durfte, ist eine besondere Ehre für mich. Vergiss nicht, Simeon, wir von der Dombauhütte arbeiten nicht nur für Geld, sondern zur Ehre Gottes.

Rahels Geist erscheint, für Karl und Simeon unsichtbar.

**Simeon:**Genau so ist es. Bitte, lass mich einen Moment alleine mit dieser besonderen Nacht, ich komme gleich nach.

**Karl:**Bleib nicht zu lang hier draußen, wir warten auf Dich.

Karl geht in die Synagoge zurück. Simeon schaut nach oben.

**Simeon:**Ach Rahel! Könntest Du es nun sehen, dieses Bauwerk in seiner ganzen Schönheit. Deine Schönheit ist mir verloren, Deine Vision besteht fort.

Schnee liegt in der Luft und bald wird er wie die Sterne aus dem Himmel auf unsere Synagoge fallen und uns ein weißes Dach zaubern.

So wie Du es gesehen hast.

Ich vermisse Dich so sehr!

Rahels Geist tritt direkt hinter Simeon.

**Rahel:**Die Steine der Synagoge haben ihren Weg vollendet. Dein langer Weg hat jedoch gerade erst begonnen. Wo immer Du auch sein wirst, ich werde bei Dir sein. Du siehst mich nicht, Du hörst mich nicht. Aber in den stillen Momenten wirst Du mich vielleicht fühlen.

Und am Ende dieses Weges...

(sehnsüchtig und triumphal)

Werden wir uns endlich wiedersehen!


Rahel wendet sich ab und Simeon geht in die Synagoge zurück.